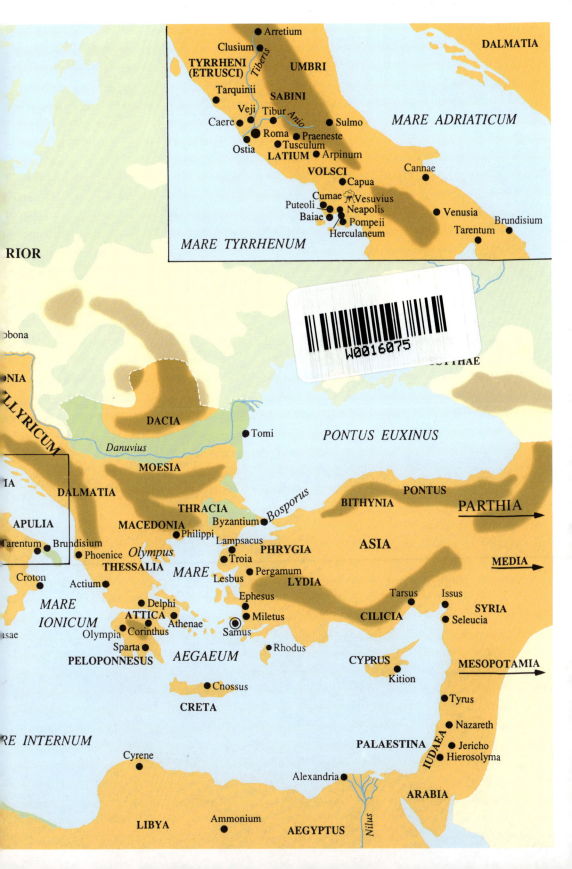

ROMA A

Unterrichtswerk für Latein als 1. Fremdsprache

Herausgegeben von Josef Lindauer und Prof. Dr. Klaus Westphalen

ROMA A III wurde verfasst von

Reinhard Heydenreich und Heinrich Voit

Bild auf dem Einband:
Camille Corot (1796–1875): Blick auf das Kolosseum aus den Farnesischen Gärten (Ausschnitt)
Paris, Musée du Louvre

2. Auflage   2 ⁴ ³ ² ¹   1999 98 97
Die letzte Zahl bedeutet das Jahr dieses Druckes.

Alle Drucke dieser Auflage sind, weil untereinander unverändert,
nebeneinander benutzbar.

Dieses Werk folgt der reformierten Rechtschreibung und Zeichensetzung. Ausnahmen
bilden Texte, bei denen künstlerische, philologische oder lizenzrechtliche Gründe einer
Änderung entgegenstehen.

C. C. Buchners Verlag   ISBN 3 7661 **5643** 8
J. Lindauer Verlag   ISBN 3 87488 **643** 3
R. Oldenbourg Verlag   ISBN 3 486 **19453** 4

© 1995 C. C. Buchners Verlag, J. Lindauer Verlag und R. Oldenbourg Verlag. Das Werk und seine
Teile sind urheberrechtlich geschützt. Jede Verwertung in anderen als den gesetzlich zugelassenen
Fällen bedarf deshalb der vorherigen schriftlichen Einwilligung des Verlages.

Gesamtherstellung: Graph. Großbetrieb Friedrich Pustet, Regensburg

ROMA

Ausgabe A in vier Bänden

Band III

von Reinhard Heydenreich
und Heinrich Voit

C. C. BUCHNERS VERLAG · BAMBE
J. LINDAUER VERLAG (SCHAEFER) · MÜNC
R. OLDENBOURG VERLAG · MÜNC

VORWORT

Durch die Änderung des Lehrplans für das Bayerische Gymnasium wurde auch die Behandlung des Lernstoffs für die 7. Jahrgangsstufe umstrukturiert. Die Straffung der Lerninhalte kam der wohldosierten Durchnahme neuer und der gezielten Wiederholung wichtiger schon behandelter Grammatikphänomene zugute. Im dritten Band ROMA A sollen vor allem die Elemente aus der Kasussyntax zusammengefasst und ergänzt werden. Der Schüler soll im 3. Lateinjahr in die Lage versetzt werden, unter Anleitung seines Lehrers die in diesem Band angeführten Grammatikeinheiten in seiner Schulgrammatik wiederzufinden. Das vorliegende Buch ist v. a. auf die ROMA-Grammatik von J. Lindauer und W. Pfaffel und auf die Grammatik von K. Bayer und J. Lindauer abgestimmt, aber auch andere Grammatiken können zur Erlernung, Vertiefung und Wiederholung des Stoffes benutzt werden.

Inhaltlich bietet ROMA III eine kleine Zusammenschau der Antike. Der Bogen spannt sich von der griechischen Mythologie bis zu Karl dem Großen. Der Schüler soll so die Vielfalt antiker Lebenskreise in Kultur und Geschichte erfahren und gleichzeitig verstehen lernen, dass europäisches Denken durch die Kenntnis der Antike gefördert wird. Die Auswahl der einzelnen Themenbereiche orientiert sich an dem für 12-13-Jährige Erfahrbaren und Interessanten. So stehen neben „Entdeckungsberichten" auch Geschichten, die neugierig machen und zum Weiterlesen (z. B. in Jugend- und Sachbüchern) anregen sollen. Die Stellung der Frau in der Antike wurde dabei gebührend berücksichtigt.

Den L-Stücken liegen in der Regel originale lateinische Texte zugrunde, die für die Jahrgangsstufe adaptiert wurden. Jede Lektion ist auf 2-3 Unterrichtsstunden angelegt. Zu diesem Zweck sind die L-Stücke wie in den Bänden I und II zweigeteilt. Der Wortschatz gliedert sich ebenso in zwei Teile. Dort, wo neue Vokabeln in Ü eingeführt werden, sind diese durch eine Linie vom übrigen Wortschatz abgetrennt. E enthält neuen Wortschatz nur, wenn er durch die Grammatik bedingt ist (z. B. Deponentien).

Auf eine geschlossene Einheit der Gesamtlektion wurde Wert gelegt. Die Übungen und der Z-Teil sollen das im Lesestück gebotene Thema ergänzen und variieren. Dem Lehrer steht so eine breit gefächerte Auswahl an Übungstexten zu Inhalt und Grammatik zur Verfügung, die er individuell und nach dem Kenntnisstand der Schüler nutzen kann, aber unbedingt kürzen muss. Die Z-Teile verstehen sich dabei als zusätzliche Übersetzungsübung. In ihnen wurde auf neuen Wortschatz verzichtet. Sie können als Wiederholungseinheiten zu der im Kapitel gebotenen Grammatik dienen, sind aber auch als Hausaufgaben und zur Vorbereitung auf schriftliche Prüfungen einzusetzen.

Die Autoren und Herausgeber hoffen, mit diesem Band der ROMA-Reihe den Kollegen und Schülern eine motivierende und solide Arbeitsgrundlage zu bieten. Dem C. C. Buchners Verlag danken wir für die umfassende Betreuung und die großzügige Ausstattung des Bandes.

Die Verfasser

INHALT

Lektion		Seite	Grammatik
Andere Länder – andere Sitten			
1	Britannien, ein Land am Rande der Welt	10	Relative Satzverknüpfung
2	Die Germanen, ein Volk mit sonderbaren Sitten	12	Deponentia der ā-Konjugation
3	Nordafrika: Die Römer am Atlas-Gebirge	14	Deponentia der ē-Konjugation
4	Griechenland, Mittelpunkt der Bildung	16	Deponentia der ī-Konjugation
5	Das Orakel hat immer Recht: Der Fall Ödipus	18	Deponentia der konsonantischen Konjugation und mit Präsensstamm auf -sc
6	Gewissen gegen Gesetz: Der Fall Antigone	20	Deponentia der konsonantischen Konjugation mit Präsensstamm auf -ĭ
Hellas: Leistungswille und Tatendrang			
7	Wettfahrt um Leben und Tod	24	adjektivische und substantivische Attribute
8	Die Olympischen Spiele	26	fierī
9	Ein Skandal in Olympia	28	Ablativus absolutus (mit Partizip)
10	Der Gordische Knoten	30	Ablativus absolutus (mit Partizip von Deponentien)
11	An den Grenzen der Welt	32	Ablativus absolutus (mit Substantiv oder Adjektiv)
12	Alexander als „Heiratsvermittler"	34	Prädikativum
Rom: res publica libera			
13	Gleiches Recht für alle	38	velle – nōlle – mālle
14	Coriolan, ein Feldherr zwischen Hass und Liebe	40	Akkusativ bei transitiven Verben Akkusativ bei Verben der Gefühls-äußerung
15	Muss man sein Versprechen immer halten?	42	Akkusativ der Person und der Sache Akkusativ als inneres Objekt und adverbialer Akkusativ

Lektion	Seite	Grammatik
16 Siegen allein genügt nicht	44	Akkusativ des Objekts und des Prädikatsnomens (Wh.) Akkusativ der Ausdehnung und der Richtung (Wh.)
17 Krieg oder Frieden?	46	Dativ als Objekt
18 Angeklagt: ein Sieger	48	Dativ des Vorteils Dativ des Zweckes (Wh.)
19 Cornelia fürchtet für ihre Kinder	50	Pronominaladjektive: tōtus, alter (Wh.); uter, neuter, ūllus, nūllus Indefinitpronomen: uterque
20 Tiberius und Gaius Gracchus: Reformer oder Revolutionäre?	52	Indefinitpronomina: (ali-)quis (Wh.), quisquam, quīdam (Wh.), (ūnus-)quisque, quīvīs, quīlibet
21 Wer rettet Rom? – Die Germanen rücken an	54	Gerundium
22 Tritt ein Diktator freiwillig zurück?	56	ferre und Komposita

Brennpunkte römischer Geschichte

23 Cicero kehrt aus der Verbannung heim	60	Genitiv des geteilten Ganzen Genitiv des Wertes
24 Pompeius: Ein Mann macht Karriere	62	Genitiv der Zugehörigkeit
25 Caesar: Was Ehrgeiz und Ruhm bewirken	64	Genitiv der Begriffsbestimmung Genitiv der Beschaffenheit (Wh.)
26 Kleopatras Tod	66	Genitivus obiectivus (Wh.) Genitiv bei Adjektiven
27 Augustus, der erste Kaiser Roms	68	Genitiv als Objekt bei Verben
28 „Varus, gib die Legionen zurück!"	70	Participium coniunctum Ablativus absolutus (Wh.)
29 Ein Attentatsversuch auf Kaiser Augustus	72	Nominativ mit Infinitiv (NcI)
30 Ein Altar für den Frieden	74	Ablativ der Trennung Ablativ des Vergleichs

Kaiserzeit: Niedergang und Wandel

31 Ein Kaiser baut sich ein Häuschen	78	Ablativ des Mittels Ablativ als Objekt
32 Neros letzte Tage	80	Ablativ der Preisangabe Ablativ des Grundes

Lektion		Seite	Grammatik
33	Der Untergang Pompejis	82	Ablativ der Beziehung Ablativ des Maßes
34	„In diesem Zeichen wirst du siegen!"	84	Ablativ der Art und Weise Ablativ der Beschaffenheit (Wh.)
35	Die Hauptstadt Rom bekommt Konkurrenz	86	Ablativ des Ausgangspunktes, des Ortes und der Zeit Besonderheiten der Ortsangaben

Antike Welt und Christentum

36	Modeimport aus Germanien	90	Temporalsätze I
37	Die Römer auf dem Rückzug	92	Temporalsätze II
38	Warum sich Heiden taufen ließen	94	Abhängige Fragesätze I
39	Deus aut Donar! Ein Kirchenmann greift zur Axt	96	Abhängige Fragesätze II Wunschsätze
40	Karl der Große, Vater Europas	98	

ANHANG

Christliche Texte im Jahreslauf 100
Die Weihnachtsgeschichte
Christus vor Pontius Pilatus
Christus erscheint seinen Jüngern
Himmelfahrt
Das Vaterunser

Wortschatz 102

Übersichten 126

Verzeichnis der Eigennamen 129

Lateinisch-deutsches Wörterverzeichnis 134

Zu den Bildseiten

Seite 8/9:   **Andere Länder – andere Sitten**

oben links: Amphitheater in El Djem (Tunesien)
oben rechts: Luftaufnahme vom Hadrianswall in Nordengland
unten links: Römisch-Germanisches Museum in Köln
unten rechts: Theaterszene (Würzburg, M.-v.-Wagner Museum)

Seite 22/23:   **Hellas: Leistungswille und Tatendrang**

links: Bildleiste Sport
oben rechts: Niederlage des Poros; Gemälde von Francesco Salvator Fontebasso (1709–1769);
     Bourg-en-Bresse, Musée de Brou
unten rechts: Eingang zum Stadion in Olympia

Seite 36/37:   **Rom: res publica libera**

oben links: Das Forum Romanum bei Nacht
oben rechts: Kitharaspielende Römerin; Fresco aus Boscoreale;
     New York, Metropolitan Museum
unten links: Das Forum Romanum (Rekonstruktionszeichnung)
unten rechts: Schlacht zwischen Karthagern und Römern; Jugendbuchillustration

Seite 58/59:   **Brennpunkte römischer Geschichte**

oben links: Wandgemälde aus der Villa der Livia; Rom, Nationalmuseum
oben rechts: Ausschnitt aus einem Triumphzug; Fries vom Apollontempel in Rom;
     Kapitolinisches Museum
unten links: Rom, Blick auf die Kaiserforen
unten rechts: Cheruskergehöft; Freilichtmuseum Oerlinghausen

Seite 76/77:   **Kaiserzeit: Niedergang und Wandel**

oben links: Rekonstruktion eines Saals der Domus Aurea
oben rechts: Die Tetrarchen; Venedig, Markuskirche
unten links: Der Untergang Pompejis, Jugendbuchillustration
unten rechts: Die Milvische Brücke; Gemälde von Gaspar von Wittel (1653–1736)

Seite 88/89:   **Antike Welt und Christentum**

oben links: Plan von Regensburg
oben rechts: Eingangstor zur Kaiserpfalz in Lorch (9. Jh.)
unten links: Luftaufnahme von Regensburg
unten rechts: Der Märtyrer Laurentius; Mosaik aus Ravenna

Abbildungen: Archiv für Kunst und Geschichte, Berlin (2); Bonechi Edizioni, Firenze; British Museum, London; CCM (Franz), Bamberg; Foto Cielo, Rom; Freilichtmuseum im Teutoburger Wald, Oerlinghausen; EMB-Service, Luzern (3); Erika Freunek, Ebermannstadt; Hirmer Verlag, München (2); Dr. Markus Junkelmann, Elsendorf; Limes Museum, Aalen; Musée du Louvre, Paris; Tom Lovell (NGS); Gustav Lübbe Verlag, Bergisch-Gladbach (6); Citadelles & Mazenod, Paris; Metropolitan Museum, New York; Tunesienführer, Prestel Verlag, München; Ravensburger Buchverlag, Ravensburg (3); Römisch-Germanisches Museum, Köln; J. M. Sailer Verlag, Nürnberg, aus G-Geschichte mit Pfiff; Staatl. Antikensammlungen und Glyptothek, München; Tessloff Verlag, Nürnberg; Heinrich Voit, Prackenbach; Martin-von-Wagner-Museum, Würzburg; Verlagsarchiv.

Andere Länder – andere Sitten

Ihr kennt alle diese Redensart. Und auch die Römer kannten sie sicher.

In ihrem Herrschaftsbereich von Spanien bis Syrien, von England bis nach Nordafrika kamen sie in Kontakt mit sehr vielen fremden Kulturen und Bräuchen. Sie respektierten die Eigenart der jeweiligen Landesbewohner. Was aber erfuhren sie über die Menschen in den entfernten Provinzen? Was dachten sie von ihnen?

Manche Römer werden sich wohl gefragt haben: "Was hat es mit der großen Insel Britannien im Nordmeer auf sich? Wie gefährlich sind die Germanen eigentlich?"

Aber auch die ihnen eher vertraute Kultur der Griechen gab ihnen manchmal Rätsel auf. Da ging es um Familienprobleme, die nur mit der Hilfe eines Orakels gelöst werden konnten, oder um ein junges Mädchen, das seinen Willen und seinen Auftrag gegenüber einem König durchsetzen wollte.

Der dritte Band der ROMA-Reihe möchte euch durch ein ganzes Jahrtausend der antiken Welt und in alle Himmelsrichtungen führen.

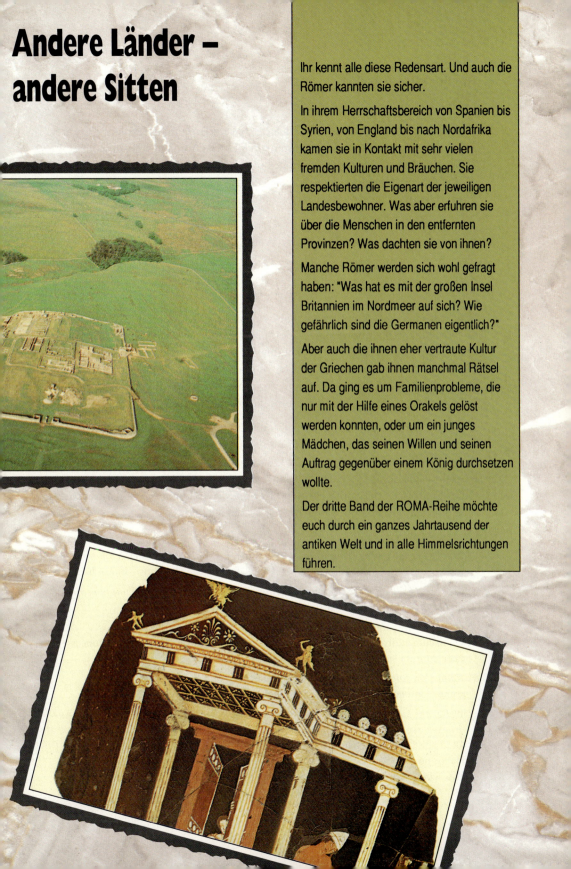

1 Relative Satzverknüpfung

E 1. Caesar, quī multōs annōs in Galliā fuit, etiam Britanniam explōrātūrus erat.
2. Hāc dē causā / **Quā** dē causā cum exercitū in Britanniam trānsīre cōnstituit.
3. Eius īnsulae / **Cuius** īnsulae nātiōnēs et regiōnēs Rōmānīs īgnōtae erant.
4. Eae omnēs / **Quae** omnēs Rōmānīs īgnōtae erant.
5. Eō / **Quō** mercātōrēs rārō pervenērunt.

L **Britannien, ein Land am Rande der Welt**

> Obgleich die Römer Reisen im modernen Sinn kaum unternahmen, finden sich bei verschiedenen Schriftstellern Beschreibungen ferner Gegenden. Gerade der Norden Europas war für die Völker des Mittelmeers die „Neue Welt" schlechthin.

Britanniae pars interior ab iis hominibus incolitur, qui in insula ipsa nati sunt, pars ad mare sita ab iis, quorum maiores rapinarum causa ex Gallia transierunt. Qui omnes fere a nominibus earum civitatum appellantur, e quibus eo pervenerunt. Multitudo incolarum ingens est et plurima aedificia similia sunt aedificiis
5 Gallorum. Qua de causa multi scriptores existimant maiores omnium Britannorum olim e Gallia in illam insulam traductos esse.

E quibus longe sunt humanissimi, qui Cantium incolunt. Quam regionem maritimam C. Iulius Caesar navibus petivit, ut sibi ac populo Romano vel aurum vel argentum vel servos pararet. Quae omnia ibi non invenit. Immo vero
10 Romani caelo foedo, crebris imbribus, nebulis densis magnopere laborabant. Quin etiam noctes in remotis partibus tam breves esse audimus, ut occasus et ortus solis discerni non possint. Quod verum non aestimamus.

Ü a) *Ersetze die folgenden Demonstrativpronomina durch die entsprechenden Formen des Relativpronomens:* eorum – his – id – hanc – hae – haec (!) – eius – huic – hac – eos

b) *Suche aus L alle Relativpronomina heraus, die der relativen Satzverknüpfung dienen, und ersetze sie durch die entsprechenden Demonstrativpronomina.*

c) *Übersetze die folgenden Wendungen:*
Quod cum audivisset – quae cum ille dixisset – qua de causa – quod cum factum esset – quae cum ita sint – quo in genere – qui cum fugissent

d) *Kannst du folgende englische Wörter bereits ins Lateinische übertragen?*
name, sentence, example, letter, (to) move

e) *Weise die lateinischen Gruß- und Frageformeln den sinngleichen englischen Ausdrücken zu:*
Quid agis? – Vale! – Salve! – Ego valeo, et tu?
Hello, how are you? – Goodbye! – I am fine, thanks. – How do you do?
Was wollte ein Römer wissen, wenn er fragte: Unde venis? Quo (con)tendis?

10

f) *Aus dem Lateinischen stammen auch viele englische Städtenamen. Ordne die lateinischen Bezeichnungen castra – vicus – portus – castellum (kleines Lager) – colonia den folgenden Städtenamen zu:* Greenwich – Winchester – Lincoln – Portsmouth – Newcastle – Norwich – Southport – Chesterfield – Ipswich – Manchester

g) *Setze die Verben ins Futur und ins Perfekt und übersetze dann:* 1. Arbores serit. 2. Auxilium promittit. 3. Patienter labores difficiles subeunt. 4. Copias pro castris producit. 5. Deos colunt. 6. Nautae raro tempestatem et nebulam neglegunt. 7. Medicus remedium proponit. 8. Inimici pacem faciunt. 9. Liberi aquam hauriunt.

h) *Zur Abbildung: Wie mögen sich die römischen Soldaten gefühlt haben, die aus dem sonnigen Süden an diese Grenze versetzt wurden? Verfasse (in Deutsch) einen Brief eines römischen Soldaten, der nach Hause schreibt.*

Z Was weiß der Geschichtsschreiber Cornelius Tacitus in seinem Buch „De vita Iulii Agricolae" (um 100 n. Chr.) von England *(Britannia)* und Irland *(Hibernia)* zu berichten? Ex quo libro comperimus Britanniam maximam earum insularum esse, quas Romani umquam viderunt. Aditus et portus per mercatores noti sunt. Qua de causa scimus solum huius insulae aurum et argentum et alia metalla[1] condere.
Hibernia insula inter Britanniam et Hispaniam et Galliam sita est. Quae insula, si eam cum Britannia comparamus, minor est, sed insulas maris interni[2] magnitudine superat. Et solum et caelum et mores incolarum non multum a Britannia distinguuntur.

S In der Antike war Britannien (England und Schottland) schon den Phönikern und den Griechen bekannt. Sie unternahmen dorthin Handelsfahrten, um das begehrte Zinn einzutauschen. Erst C. Iulius Caesar gewann durch zwei Expeditionen (55 und 54 v. Chr.) genauere Informationen über das Land am Rande der damals bekannten Welt. Kaiser Claudius eroberte (43 n. Chr.) den Süden Englands für die Römer. Unter Kaiser Hadrian wurde die Grenze nach Norden durch einen Wall, der quer durch die Insel verläuft, gesichert. Den „Hadrianswall" (vollendet 127 n. Chr.) kann man heute noch besichtigen.

---
[1] *metallum, -ī* Metall   [2] *mare internum* das Mittelmeer

Der Hadrianswall in Nordengland

11

2 Deponentia der ā-Konjugation

E
1. Germānī Sōlem colunt, Rōmānī Iovem **venerantur**.
2. Germānī: Nōs semper Sōlem **venerābimur**, vōs Iovem **venerābiminī**.
3. Germānī saepe sēdēs mūtābant, in vīcīs nōn diū **morābantur**.
4. Līberōs **hortātī sunt**, ut labōrī ac disciplīnae studērent.

L Die Germanen, ein Volk mit sonderbaren Sitten

Die fernen Länder waren nicht nur wegen ihrer geographischen Eigentümlichkeiten für die Römer interessant. Besonders den Einwohnern der unbekannten Gegenden galt ihre Aufmerksamkeit. Verlässliche Nachrichten brachten oft nur die Kaufleute nach Rom, die mit den Barbaren Handel trieben. So könnte ein Bericht über die gefürchteten Germanen ausgesehen haben:

„Mores Germanorum a moribus nostris maxime differunt[1]. Arbitrantur hos deos esse, quos contemplari possunt velut solem et lunam. Germani a pueritia inter arma versantur, agriculturae minime student. In silvis horridis aut paludibus foedis venantur atque armis exercentur. Opinantur enim nihil melius esse quam
5 laudem bellicam[2] parere. Quae cum ita essent, nos saepe miserabamur: ‚Cur iniuriae vestrae non moderamini, cur in finibus nationum externarum vagamini?‘ Sed verba nostra aspernati sunt, virtute ac dignitate gloriati sunt.

Feminae, quae viros in proelia comitantur, testes virtutis eorum sunt; viri enim matribus et coniugibus vulnera ostendunt. Quae ictus numerare non cunctantur.
10 Quidam dicunt acies iam declinatas[3] precibus feminarum restitutas esse. Quia feminis aliquid sanctum inesse opinantur, eas saepe tamquam deas venerantur neque earum consilia aspernantur. Tanta est apud eos auctoritas feminarum. Quae omnia de moribus miris Germanorum percontatus sum.“

Ü
a) *Bilde die Tempusreihe[4] zu:* comitor – opinamur – aspernaris

b) *Bestimme die Verbformen und übersetze:* regionem percontati sunt – cur cunctaris? – tales condiciones aspernaremini – casum miseratus sum – nimis gloriaris – in re publica versabantur – ut ego arbitror – caelum contemplati erant – homines falsa opinantes – in provincia moratur – orator senatores hortatus

c) *Ersetze die Formen von* colere *durch* venerari, *die von* spernere *und* repudiare *durch* aspernari *(Vorsicht! Welche Formen kann man nicht ersetzen?):* colo, colant, colimur, colebat, colent, colite, colerent, coluisti, coluerant; repudiaremus, spernit, spreverant, spernitur, repudiavissem, repudiate, spernent, ne repudiaveritis!

---

[1] *differunt* sie unterscheiden sich   [2] *bellicus, a, um:* Adj. zu bellum   [3] *dēclīnātus, a, um* wankend, schwankend   [4] Unter Tempusreihe sind alle Formen eines Verbs in derselben Person und Zahl, in allen Tempora, im Indikativ wie auch im Konjunktiv, zu verstehen.

d) *„Das ist doch klar!" Mache die folgenden Sätze von* constat *abhängig und übersetze sie:*
1. Philosophi veritatem percontabantur. 2. Non omnes homines vitia sua miserantur.
3. Sacerdotes caelum sideraque contemplati sunt.

e) *Ersetze die Partizipien durch einen lateinischen Relativsatz und übersetze (Beispiel:*
sacerdotes aves contemplantes → sacerdotes, qui aves contemplantur ...):
filius matrem diligens – liberi patrem venerantes – vir pius scelera spreturus – cives
iniurias aspernaturi – iudex reum hortatus – milites ab imperatore moniti

f) *Gleiche die Demonstrativpronomina* hic, ille, iste, is *an die folgenden Substantive an:*
calamitatis – carminibus – sententiae (!) – errorem – labore – opiniones (!) – viri (!)

g) *Welche Aussagen über die* auctoritas *der germanischen Frauen findest du in L?*

h) *Zur Abbildung: Welche Statur, welche Kleidung, welche Haartracht hat der Germane?*
Welche Haltung nimmt er ein? Was kannst du daraus erschließen?

Z War Odysseus auch am Rhein?
Quidam opinantur Ulixem longo illo errore etiam Germaniae terras adisse. Dicunt
Asciburgium oppidum, quod ad Rhenum situm est hodieque incolitur, ab illo conditum
nominatumque esse. Quin etiam ara Ulixi consecrata[1] in eodem oppido reperta est;
praeterea monumenta quaedam Graecis litteris inscripta[2] adhuc contemplari possumus.

S Germanien war in der Antike kein Ländername im heutigen Sinn. Man bezeichnete damit das Siedlungsgebiet der rechtsrheinischen Völkerschaften. Germanen wohnten aber auch am linken Rheinufer (z. B. in der Gegend um Köln). Während der Kaiserzeit war das römische Germanien in die Provinzen *Germania Inferior, Germania Superior, Raetia* und *Noricum* (↗ Karte) aufgeteilt. Die Einwohner dieser Landstriche waren den Römern von jeher wegen ihres Aussehens und ihrer Körperkraft unheimlich. Besonders der Einfall der germanischen Kimbern und Teutonen (um 100 v. Chr.) in Italien versetzte die Römer in Angst und Schrecken. Die ersten ausführlichen Nachrichten über die Germanen erhalten wir vom Feldherrn C. Iulius Caesar, der in seinem Werk „De bello Gallico" die Lebensweise und den Charakter der Germanen beschreibt. Noch näher geht der Historiker P. Cornelius Tacitus in seiner Schrift „Germania" auf das Siedlungsgebiet und die Sitten der Germanen ein.

Ein gefangener Germane wird von einem römischen Legionär abgeführt. Relief am Konstantinsbogen in Rom (um 315 n. Chr.)

---

[1] *cōnsecrāre* weihen, widmen   [2] *īnscrībere* einschreiben, betiteln, beschriften

3 Deponentia der ē-Konjugation

E 1. Ego **intueor** tabulam, in quā Āfrica prōvincia picta est.
2. Vōs quoque **intuēminī** hanc tabulam!
3. Antīquīs temporibus populus Rōmānus hanc prōvinciam **tuēbātur**.
4. Cuius prōvinciae incolae impetum barbarōrum **veritī sunt**.

L ## Nordafrika: Die Römer am Atlas-Gebirge

Die römischen Soldaten kamen in der damals bekannten Welt weit herum. Oft wurden ihre Garnisonen von Nord nach Süd, von Ost nach West verlegt. Während ihrer Wachen vertrieben sich die Legionäre manchmal die Zeit damit, Geschichten aus dem Land zu erzählen, in dem sie gerade Dienst taten. Zwei römische Soldaten sitzen am Rande der Sahara beim Lagerfeuer. Plötzlich kommt einem von ihnen der Zeussohn Perseus in den Sinn, der auf seinen Abenteuern hierher gekommen sein soll. Er beginnt:

Perseus in itinere veritus est, ne nocte opprimeretur. Itaque in ista ultima regione, quam nunc nos a barbaris tutamur, quietem tutam petivit. Eisdem temporibus in his regionibus Atlas rex dominabatur. Qui cunctis hominibus magnitudine corporis ac robore praestabat. Perseus: „Maximos tuos greges, praeclaros tuos
5 hortos libenter intuebar ac admirabar. Filius Iovis sum. Obtestor te, hospes, ut me hospitio recipias." Quibus verbis Atlas valde territus est. „Eheu! Tune", ait, „filius Iovis es? Olim hoc oraculum mihi datum est: ‚Tempus veniet, quo a filio Iovis imperio spoliaberis.' Vereor, ne hoc tempus nunc advenerit. Vade! Abi! Discede!"

Perseus, cuius vires infirmiores erant, Atlanti respondit: „De hospite tuo bene
10 meritus non es. Talibus verbis hospitem offendisti. Ius hospitii violavisti. Ergo poenas dabis!"
Itaque Atlanti, qui minis suis iam vim addiderat, caput horridum Medusae ostendit. Statim Atlas os Medusae intuens in montem mutatus est. Id, quod caput antea fuit, nunc summus mons est; umeri et manus iuga sunt. Barbari profitentur
15 Atlantem in tantam formam mutatum esse, ut omne caelum, quod intuemur, cum tot sideribus in umeris eius positum sit.

Ü a) *Bilde die Tempusreihe zu:* profitetur – verentur

b) *Übersetze:* 1. Wir schützen die Armen. 2. Der Konsul hatte gezögert. 3. Die Griechen verehrten die Weisen. 4. Wo wirst du dich morgen aufhalten? 5. Ich weise den Hochmut zurück. 6. Er machte sich um die jungen Leute verdient. 7. Ich bekenne meine Schuld. 8. Sie betrachteten und bewunderten die Kunstwerke. 9. Ruft die Götter als Zeugen an! 10. Die Konsuln sollen (mögen) den Staat vor Feinden schützen.

c) *„Wortpuzzle!" Die folgende Übung enthält 14 Formen von Verben, 10 von Substantiven, 2 von Adjektiven. Wer findet das versteckte Adverb? Übersetze:*
veretur, veram, venatur, venia, veni, veneratur, vina; domi, domas, domos, dominaris, dominis; profecto, professus, fessus; committit, comitamur, comitem; moratur, admiratur, moribus, meretur, mittitur, minis, mora, mores, moratus

14

d) *Aktion und Reaktion!*
   Beispiel: Terret amicum – er erschreckt den Freund; amicus terretur – der Freund wird erschreckt; der Freund erschrickt.
   Übersetze entsprechend:
   terret me → terreor; terruit nos → territi sumus; terrebam vos → terrebamini; terremus te → terreris; terruerat eum → territus erat

e) *Nenne zu den folgenden Deponentia je ein Substantiv, das du schon gelernt hast. Beispiel:* arbitrari → arbiter; morari, dominari, opinari, comitari, gloriari, moderari, fateri. *Wie musst du also* mercari *und* minari *übersetzen?*

f) *Versuche, die im Deutschen häufig gebrauchten Fremdwörter zu erklären, und bilde mit jedem Wort einen Satz:* dominieren – Vagabund – Tutor – versiert – moderieren, (Fernseh-)Moderator – Professor

g) *Setze in die entsprechende Form des Perfektstammes:*
   leges sancit – senatores consentient – viam aperimus – ad litus perveniunt – veritatem reperires
   Verwandle ins Passiv: oratorem circumvenient – captivos vinxit – naves invenerant – alteram partem audiat – iter novum aperuerunt

Das Forum in Sbeitla (Tunesien)

Z Ein langes Geschenk für Rom!
Wie erreicht es der lateinische Schriftsteller, dass sich der Leser ein Bild von dem Geschenk machen kann? Lies den Text, ohne abzusetzen.
Primo bello Punico Atilius Regulus consul, qui in Africa de re publica bene meritus est, proelium acre commisit contra unam serpentem ingentis magnitudinis in illis locis saevientem et, cum eam totus exercitus magna acie oppugnavisset, serpentis interfectae corium[1] pedes centum et viginti longum Romam misit.

S Unter Afrika verstanden die alten Völker nur Nordafrika. In der römischen Kaiserzeit zählten die vier Provinzen dort zu den fruchtbarsten Gebieten des Reiches. Erst durch das Vordringen der Sahara und durch den Raubbau der Menschen an der Natur (Abholzung) bekam das Land sein heutiges Aussehen. Geradezu sprichwörtlich war in der Antike sein Reichtum an Wäldern, Tieren und Getreide. Nur noch die Ruinen ehemals blühender Städte mit ihren Theatern, Bibliotheken und Bädern erinnern an die einstige Größe.

---
[1] *corium, -ī* Haut, Leder

4 Deponentia der ī-Konjugation

E 1. Litterae Graecae hominibus sapientiam et vītam beātam **largīrī** possunt.
2. Multī philosophī Rōmānī huic sententiae **assentiēbantur**.
3. Nōnne vōs huic sententiae **assentiēminī**?

L Griechenland, Mittelpunkt der Bildung

Unter allen Provinzen, die die römischen Beamten nach ihrem Konsulat zur Verwaltung erhalten konnten, war Griechenland (*Achaia*) besonders begehrt. Dort stand nach römischer Auffassung die Wiege der Kultur. Städte und Denkmäler waren so berühmt, dass man sogar Bildungsreisen dorthin unternahm. Einem Bekannten schreibt Curius, der neue Prokonsul von Achaia, aus Delphi (*Delphī, Delphōrum*) folgenden Brief:

Curius amico suo salutem dicit.
Si vales, bene est; ego valeo.
Certe recordaris me nuper Graeciam provinciam sortitum esse. Heri Delphos veni, locum celeberrimum Graeciae. Assentior iis, qui contendunt Graeciam
5 populo Romano ius et leges largitam esse. Eos autem mentiri puto, qui hunc locum Graeciae umbilicum[1] orbis terrarum esse suspicantur. Tu quidem non ignoras nos toto orbe terrarum potitos esse. Qua re certe assentieris verum umbilicum[1] orbis terrarum forum Romanum esse.

Sub monte Parnasso templum Apollinis donis omnium populorum ac regum
10 refertum contemplatus sum. In quo altae fauces terrae sunt. E quibus spiritus tam frigidus expellitur, ut Pythia vates excitetur; tum consulentibus responsa dare orditur. Plurimi homines undique ad hunc locum concurrunt, ut numen experiantur.
Permulti homines, ut reor, veritatem illius oraculi experti sunt; ego quoque cras
15 de rebus futuris familiae nostrae oraculum adibo. Qua de causa Apollini statuam dedicabo. Vale!

Ü a) *Übersetze mit Deponentia:* Sie hatten bewundert – ich erinnerte mich – ich meine (a-Konjugation) – sie würden losen – er schaute an – sie logen – ich werde anschauen – sie würden zustimmen
Wenn du die Formen richtig übersetzt hast, ergeben die zweiten Buchstaben einen grammatikalischen Begriff als Lösungswort.

b) *Setze die Deponentia in die entsprechende Form des Perfektstammes; also: Präsens → Perfekt, Imperfekt → Plusquamperfekt, Futur I → Futur II:*
dominantur – ordior – contemplaretur – largiebantur – reor – assentiemur – profiterentur – comitaris – moramur – mentimini – vereor – cunctabar – experietur

---

[1] *umbilīcus, -ī* Nabel

c) *Falls du einen lateinischen Brief verfassen möchtest, orientiere dich an Ciceros Briefen:*

Anrede:	Tullius amico suo S.P.D. (salutem plurimam dicit.)
	S.V.B.E.E.V. (Si vales, bene est; ego valeo.)
Auf Wiedersehen!	Ego celeriter, ut spero, vos videbo.
Alles Gute:	Tuum est consulere tempori et vitae et fortunae.
Schluss (z. B. an	Vale, Tite, vale et salve! – Etiam atque etiam vale! –
einen Kranken):	Cura, ut valeas! Vale! – Cura te, si me amas, diligenter! Vale!

d) *Untersuche die Weiterentwicklung des lateinischen Demonstrativpronomens* ille *im Italienischen, Spanischen und Französischen. In welche Wortarten geht* ille *über?*

	italienisch	spanisch	französisch
ille liber	il libro	el libro	le livre
illa tabula	la tavola	la tabla	la table
ille levat	(lui) leva	(él) leva	il lève

e) *Der Redner, Politiker und Philosoph Cicero schreibt der griechischen Philosophie folgende Leistungen zu:* Philosophia urbes peperit, homines in societatem vitae con-vocavit, leges invenit, mores et disciplinam docuit. *Deshalb spricht er sie fast in Gebetsform an:* Ad te fugimus, a te auxilium petimus, tibi nos tradimus.

Z Lobpreis der griechischen Philosophie

Recordemur doctrinam philosophorum Graecorum! Admiremini sententias eorum! Quid vita hominum potest esse sine philosophia? Quae virtutes petit et a vitiis tutatur, ut apud Ciceronem legimus et saepius experti sumus. Sed quamquam philosophia in omni vita nos comitatur, multi neglegunt et aspernantur eam, quam vereri debent. Isti etiam suspicantur iuvenes doctrinis sapientium corrumpi.

Tempelterrasse und Apollontempel in Delphi vom Parnass aus

5 Deponentia der konsonantischen Konjugation und mit Präsensstamm auf -sc

E 1. Cōnstat multōs hominēs dē fortūnā suā **querī**.
2. Etiam rēgēs dīvitēs dē fortūnā **queruntur**.
3. Oedipūs rēx sortem suam **questus est**.
4. Itaque Delphōs **profectus est**, ut ōrāculum adīret.

L ## Das Orakel hat immer Recht: Der Fall Ödipus

Dem König Laios aus Theben wurde vom Delphischen Orakel vorhergesagt, er werde durch die Hand seines Sohnes sterben. Deshalb ließ er den Knaben Ödipus nach der Geburt aussetzen. Das Kind wurde allerdings von einem Hirten des Königs Polybos aus Korinth aufgefunden und vom Herrscher an Sohnes statt großgezogen.

Aequales invidia adducti adulescenti obiciebant eum filium Polybi regis non esse. Itaque Oedipus Delphos profectus est, ut omnia de origine sua comperiret. Ibi Pythia locuta est haec verba: „Patrem necabis, matrem in matrimonium duces." Tum Oedipus fortunam suam questus est et se ad parentes rediturum non esse
5 pollicitus est.
Interim Laius, rex Thebanorum, prodigiis cognovit se brevi tempore defuncturum esse. Sortis autem oblitus deos imploravit: „Di immortales, miseremini mei! Delphos ibo, ut vos placem. Utinam diutius[1] vita fruar!"
Quae cum dixisset, ministros iussit carrum[2] parare: „Me fortunamque meam
10 sequimini!"
Haud procul a Delphis Oedipus Laio regi in via angusta occurrit. Ministri postulaverunt, ut regi via daretur; iam locum vi ac armis obtinuerant, adulescentem de via depellebant. Oedipus: „Ulciscar hanc ignominiam!" Ira incensus robore suo usus est senemque tam vehementer de carro[2] detraxit, ut ille
15 laberetur. Tum ministros eius adortus est. Quamquam fortiter se defendebant, omnes praeter unum occidit, senem quoque necavit.
At nesciebat se hoc facinore verba oraculi exsecutum esse.

Auch der zweite Teil des Orakelspruches ging in Erfüllung: Auf seinem weiteren Weg löste er das Rätsel der Sphinx und befreite dadurch Theben von diesem Ungeheuer. Als Belohnung bekam er die verwitwete Königin Iokaste zur Frau – seine eigene Mutter.

Ü a) *Konjugiere im Indikativ Präsens und Futur:* 1. loquor et profiteor 2. admiror et fruor
3. proficiscor et sequor.

b) *Ersetze die Formen von* adhibere *durch* uti, *die von* dicere *durch* loqui:
adhibuerat, adhibebas, adhibuissent, adhibete, adhibentes, adhibent, adhibebit, adhibuerunt; dicam, dixeras, dicunt, dicens, dixisti, dicent, dic, dixero

c) *Setze die folgenden Verben in die 3. Person Plural Indikativ und Konjunktiv Imperfekt und übersetze die Wendungen:* iniuriae oblivisci – verbis iucundis uti – fatum queri – crimen suspicari – ingenium admirari – in Graeciam proficisci – fidem polliceri

---

[1] *diūtius* Komp. zu *diū*   [2] *carrus, -ī* Karren, Wagen

Szenen aus der Ödipus-Sage auf einem Sargdeckel (Rom, Nationalmuseum)

d) „*Welcher Meinung bist du?" Bilde zu den folgenden Infinitiven einen passenden bejahten Imperativ oder verneinten Imperativ (Prohibitiv).*
Beispiel: (Praestare, Singular) auxilium → Praesta auxilium! / Ne praestiteris auxilium!
1. (Sequi, Plural) meam sententiam! 2. (Oblivisci, Sg.) temporum malorum! 3. (Dicere, Sg.) nomen tuum! 4. (Polliceri, Pl.) fidem! 5. (Proficisci, Pl.) domo! 6. (Hortari, Pl.) amicos! 7. (Promittere, Sg.) praemium! 8. (Adesse, Sg.) pauperibus! 9. (Sustinere, Sg.) dolorem! 10. (Imitari, Pl.) vitia aliorum!

e) *Füge die Substantive* auctoritas – dolus – voluptas – fatum – facinus – magistratus – res publica *als passende Objekte in die Sätze ein und übersetze:*
1. Inimici saepe ... adhibent. 2. Quis ... non fruitur? 3. Consul ... moderetur! 4. Oedipus ... questus est. 5. Senatores ... semper usi sunt. 6. Nobiles Romani ... petiverunt. 7. Oedipus ... ultus est.

f) *Beantworte nach der Lektüre des Lesestückes folgende Fragen lateinisch:*
1. Cur Oedipus Delphos profectus est? 2. Cur sortem suam questus est? 3. Quam iniuriam ultus est?

g) *Bilde die Tempusreihe zu:* possumus – prosunt – obest – interest

Z *Überlege, ob die folgenden römischen Rechtsgrundsätze heute noch Gültigkeit haben:*
1. Neminem laedit, qui suo iure utitur. 2. Male iure nostro uti non debemus. 3. Iudex est lex loquens. 4. Is, qui tacet, assentitur. 5. Cum quid prohibetur, prohibentur omnia, quae sequuntur ex illo.

S Das weitere Schicksal des Ödipus ist vorgezeichnet: Als in Theben die Pest ausbricht, befiehlt das Delphische Orakel, den Mörder des Königs Laios zu finden. Ödipus erkennt schließlich in einem Prozess, den er anberaumt hat, dass er selbst der Täter ist. Aus Verzweiflung über seine Untaten sticht er sich die Augen aus. Mit seiner Tochter Antigone geht er in die Verbannung, wo er völlig arm und vereinsamt stirbt. Der griechische Dichter Sophokles hat in seiner Tragödie „König Ödipus" diesen Sagenstoff behandelt.

6 Deponentia der konsonantischen Konjugation mit Präsensstamm auf -ĭ

E 1. Cūr magnus clāmor **ortus est** et tōtam urbem implet?
2. Adulēscentēs et virī, virginēs et mulierēs theātrum **ingrediuntur**.
3. Num Antigona **moriētur**?

L **Gewissen gegen Gesetz: Der Fall Antigone**

Die Söhne des Ödipus, Eteokles und Polyneikes, streiten um den Besitz Thebens. Im Bruderkampf erschlagen sie sich. Der neue König, ihr Onkel Kreon, befiehlt, Polyneikes nicht zu bestatten, da er gegen die Vaterstadt gekämpft habe. Wer dem Befehl zuwiderhandelt, soll getötet werden. Da schleppt ein Wächter Antigone, die Schwester des Polyneikes und des Eteokles, vor den König:

Creon: „Ego Polynicem sepeliri vetui, cum iste patriam suam oppugnavisset. Cur verborum meorum oblita es?"

Antigona: „Confiteor neque mentior ... Ego mandata deorum exsequebar, cum custodes me deprehenderunt. Numquam enim patiar leges hominum plus
5 valere quam deorum. Itaque fratrem meum sepelivi."

Creon: „Tu ad fratrem mortuum egressa es non, ut officio sororis fungereris, sed ut superbiam tuam contra me experireris. Te mori oportet."

Antigona: „Per[1] deos immortales profiteor hanc legem aeternam deorum esse: Omnes homines morientur, omnes homines mortuos sepeliri decet. Ego impia
10 non sum, sed ii impii sunt, ut opinor, qui hanc legem divinam neglegunt."

Creon: „Polynices iste patriam atque cognatos aggressus est, ut omnes in servitutem raperet. Itaque eum et in homines et in caelestes saevientem sepeliri vetui. Tu autem legem a rege datam, legem summam rei publicae contempsisti. Ergo propter tuam superbiam morieris."

15 *Antigona:* „Tu ad tantam superbiam progressus es, ut tamquam tyrannus ingrediaris. Verba tua non timeo. Quamquam femina sum, maiorem gloriam adipiscar, quod fratrem meum ex[2] lege divina sepelivi. Non ad odium, sed ad amorem nata sum."

Kreon bleibt hart und lässt Antigone lebendig einmauern. Sein Sohn, der Verlobte des Mädchens, begeht Selbstmord, als er sieht, dass sich Antigone in ihrem Verlies erhängt hat. Aus Schmerz darüber bringt sich seine Mutter um. Am Ende steht der einst so stolze Kreon als verzweifelter und gebrochener Mann allein da.

Ü a) 1. *Übersetze mit Deponentia:* sie lassen zu – er wurde geboren – sie hätten erreicht – du wirst betrachten – er ist gestorben – sie würden herausgehen – ihr werdet ablehnen – lügt nicht! – lasst uns zustimmen! – sie waren vorgerückt
2. *Übersetze:* iter periculosum ingredimur – officiis fungar – victoriam adipiscetur – ne beneficiorum obliti sitis – milites navem aggredientes – famem non patiar – ille poeta in provincia natus est – tibi non assentior

b) *Verwandle in die entsprechende Form des Perfektstammes:* aggrediuntur – potientur – ulciscar – nitebar – hortantes – moriuntur – obliviscerentur – exsequamini – querentur – experiri – veneremur

---

[1] *per* bei   [2] *ex* hier: aufgrund

Das Theater in Epidauros (Griechenland) während einer modernen Aufführung einer antiken Tragödie

c) *Bilde zu den folgenden Verben die Stammformen:* adipisci – profiteri – mori – comitari – polliceri – assentiri – fungi – oblivisci – opinari – nasci – oriri – niti

d) *Welche lateinischen Deponentia erkennst du in den folgenden Fremdwörtern, die im Deutschen geläufig sind:* Patient – Aggression – progressiv – Funktion – Sequenz – Salto mortale

e) *Erkläre den Gebrauch der Subjunktion* ut *in den Zeilen 6, 10, 11, 15 des Lesestücks.*

f) 1. *Worauf stützen sich Kreon und Antigone bei der Rechtfertigung ihres Vorgehens? Was wirft Kreon dem Polyneikes besonders vor? Wie entgegnet Antigone? Welche Haltung den Mitmenschen gegenüber nimmt Antigone ein?*
2. *Übersetze die folgende Vorschrift aus dem Zwölftafelgesetz:*
HOMINEM MORTUUM IN URBE NE SEPELITO NEVE[1] URITO!
3. *Informiere dich in einem Sachbuch über die Bedeutung der Via Appia in Rom und des Friedhofs Kerameikos in Athen.*

g) *Zur Abbildung: Wo ist die „Bühne" bei einem antiken Theaterbau? Was kannst du über die Ausstattung eines Theaters aussagen?*

Z *Übersetze die folgenden Sentenzen:*
1. De inimico non loquaris male, sed cogites. 2. Fatetur facinus is, qui iudicium fugit.
3. Stultum est queri de (rebus) adversis, ubi culpa est tua. 4. Miserum est tacere cogi, cum[2] cupias loqui. 5. Laus nova nisi oritur, etiam vetus amittitur.

S Das griechische Wort „Drama" bedeutet Handlung. Ursprünglich gingen die Dramen aus Feiern zu Ehren von Naturgottheiten hervor. Lustige Stücke (Komödien) standen da neben traurigen (Tragödien). Ziel der Tragödie war es, den Zuschauer durch die Darstellung auf der Bühne zu erschüttern, zum Nachdenken über sich selbst anzuregen und ihn so zu bessern. Gerade Tragödien wie „Ödipus" und „Antigone" vermittelten Wahrheiten über den Menschen, die allgemeine Gültigkeit haben. Deshalb werden diese neben anderen griechischen Dramen auch heute noch im Theater gespielt.

---
[1] *nēve* und auch nicht   [2] *cum* (m. Konj.) obwohl

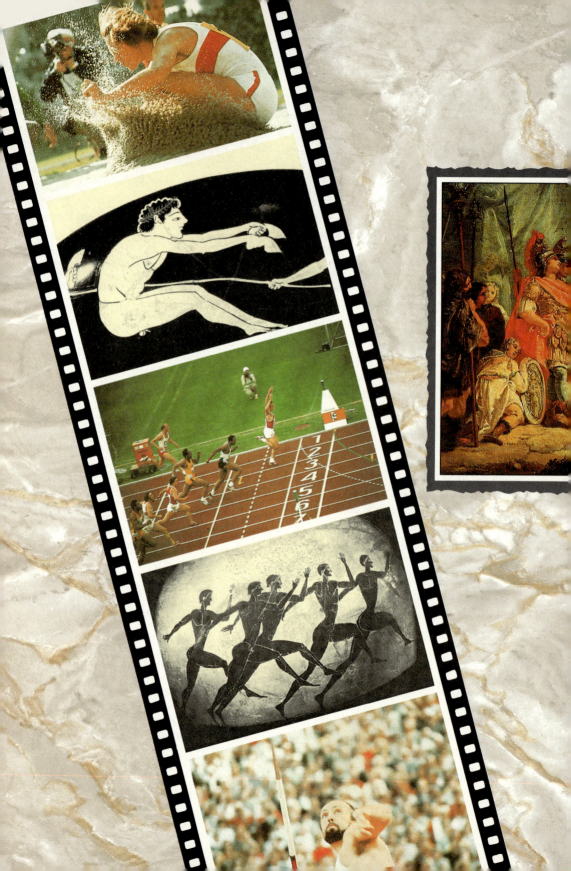

Hellas: Leistungswille und Tatendrang

Was haltet ihr von einem jungen Politiker, der etwa so alt ist wie die Abiturienten an eurer Schule und von sich behauptet: "Ich habe die Welt erobert"? Auch in der Antike rief das Erstaunen hervor. Diesen jungen Griechen kannten wohl alle. Er war nicht nur Herr über Griechenland, seine Macht reichte sogar bis Indien. Es ist tatsächlich Alexander. Von seinem Tatendrang werden wir in den folgenden Texten hören.

Nicht nur Alexander, sondern alle Griechen waren von dem Wettkampfprinzip beseelt. Sie folgten dem Leitspruch: "Immer der Beste zu sein und hervorzuragen vor anderen." Dies galt eher für Männer; Frauen wollten aber auch nicht abseits stehen. Da wagte es sogar eine, die Wettkämpfe in Olympia anzuschauen, obgleich Frauen das verboten war. Ob sie dabei auch daran dachte, dass die Olympischen Spiele wegen einer jungen Dame eigentlich erst geschaffen wurden? In den Kapiteln 7–12 erfahrt ihr mehr davon.

7 Adjektivische und substantivische Attribute

E 1. Quem nōn iuvat **magnam** glōriam adipīscī?
2. Adulēscentēs **tōtīus Graeciae** corpora exercent, ut ad lūdōs **Olympicōs** proficīscantur.
3. **Mediā** aestāte lūdīs **Olympicīs** intersunt.
4. Imprīmīs cursū, **illō certāmine antīquissimō**, aequālēs vincere contendunt.

Wagenrennen
(Athen, Nationalmuseum)

L **Wettfahrt um Leben und Tod**

In Elis, einer Landschaft Griechenlands, in der Olympia liegt, herrscht Oinomaos, einer der reichsten Könige seiner Zeit. Sein größter Reichtum aber ist seine schöne Tochter Hippodameia. Sie ist allerdings auch sein größtes Problem: Das Orakel hat ihm vorhergesagt, dass er durch seinen künftigen Schwiegersohn umkommen werde. Oinomaos ergreift Gegenmaßnahmen:

Cum plurimi iuvenes Hippodameam, virginem pulcherrimam, sibi peterent, Oenomaus pollicitus est: „Filiam meam in matrimonium ei dabo, qui mecum quadrigis[1] certaverit ac victoriam ex me pepererit. Iuvenes autem victos necabo."

Tamen multi et fortissimi adulescentes propter pulchritudinem virginis eum
5 superare conabantur. Oenomaus autem, rex atrox et scelestus, equos velocissimos possidebat. Quamquam primo cursu adversarii Oenomaum superabant, tamen omnes extremo cursu in praetereundo[2] hasta regis transfigebantur[3]. Denique Pelops, Tantali filius, amore Hippodameae captus Olympiam venit, ut dolo et insidiis victoriam adipisceretur. Itaque Myrtilo, aurigae[4] Oenomai, dimidium
10 regni pollicitus est, si se[5] adiuvisset.

Myrtilos geht auf diesen verlockenden Vorschlag ein. Nachdem sich beide unverbrüchliche Treue geschworen haben, macht sich der Wagenlenker daran, das Gefährt des Königs zu „manipulieren". Die Eisenstifte, durch die die Deichsel mit dem Wagen verbunden ist, ersetzt er durch solche aus Wachs, ebenso die Halterungen an der Radnabe.

Hora certaminis adest, adversarii equis frenos remittunt, equi stadium[6] per-volant. Medio in spatio – eheu! – equi Oenomai currum dis-trahunt, rex per arenam volvitur, Pelops vincit.

Reliquis deinceps diebus Pelops perfidus cum Hippodamea uxore sua omnia
15 moliebatur, ut Myrtilum victoriae praemium postulantem interficeret. Denique conscium molestum in mare praecipitavit. Tum autem, ut deos placaret, ludos Iovi Optimo Maximo dedicavit. Qui ludi quinto quoque anno Olympiae dati sunt.

---

[1] *quadrīgae, -ārum* Viergespann   [2] *in praetereundō* beim Überholen   [3] *trānsfīgere* durchbohren
[4] *aurīga, -ae* m. Wagenlenker   [5] *sē* (Akk.): ihn (Pelops)   [6] *stadium* Stadion als Längenmaß (ca. 200 m), Laufbahn

Ü a) *Setze die Apposition in den richtigen Kasus und übersetze dann:* 1. Graeci Iovi, (summus deus), templum praeclarum Olympiae aedificaverunt. 2. Reliquias templi, (aedificium mirum), adhuc spectare possumus. 3. Phidiae, (artifex Graecus), placuit statuam auream fingere. 4. Qui cum statuam perfecisset, Iovem, (summus deus), oravit, ut sibi signum daret. 5. Iuppiter statim fulmen, (omen secundum), misit.

b) summus mons: der höchste Berg, der Gipfel des Berges. *Übersetze entsprechend:* 1. in summa aqua – extrema hieme – in extrema epistula – extremo anno – prima pueritia 2. Mercatores prima luce proficiscuntur. 3. Puer ad extremam noctem quievit. 4. Orator medias in res procedit. 5. Senatores medio in foro versabantur. 6. Flumen per mediam urbem fluit. 7. Exercitus ad infimum montem progressus est. 8. Agmen media in via constitit. 9. Consul in extrema oratione senatores admonuit.

c) *Stelle aus E und L alle Attribute zusammen und bestimme sie:* *Beispiel:* plurimi iuvenes *(Adjektiv);* Pelops, Tantali filius, *(Substantiv als Apposition). Lege dazu in deinem Heft eine Tabelle der Attribute an.*

d) *Ordne den folgenden Verben die angegebenen bedeutungsähnlichen Deponentia zu und bilde die entsprechende Form:* monuisti – putaret – spreverant – dubito – promisisset – sivit – accipiebant – colant; adipisci – arbitrari – pati – polliceri – hortari – aspernari – venerari – cunctari

e) *Verwandle ins Perfekt und übersetze:* 1. Mercatores ad gentes finitimas mittuntur. 2. Puella pecuniam amittit. 3. Naves in mare ex-pelluntur. 4. Templa nova exstruuntur. 5. Ante ludos auxilium a deis petitur.

f) *Zur Abbildung: Wie hält der Wagenlenker die Pferde? Beschreibe seine Kleidung. Wie hat es der Künstler erreicht, die Schnelligkeit des Gespanns darzustellen?*

g) *Vermeide die Übersetzung von res mit „Sache". Suche einen treffenden Ausdruck:* res publica, res adversae, res futurae, res gestae, res secundae, res familiaris, res novae

Z Siebter Sieger unter sechs Teilnehmern
Olim Charmus, athleta[1] infirmus, ludis Olympicis intererat. Qui in animo habuit quinque adulescentes, optimos omnium cursorum[2], cursu vincere. Ille autem septimus ad finem pervenit. – Cur id? Amicus quidam eum, ut vires eius incitaret, comitatus est. Charmus athleta[1] finem certe adeptus esset octavus, si duo amici ei affuissent.

S In Olympia befand sich der berühmteste und bedeutendste Zeustempel der griechischen Welt. Er stand in einem heiligen Bezirk, den der Sage nach Pelops und Hippodameia angelegt hatten. Bekannt war der Tempel auch wegen seines Figurenschmucks an den Giebelseiten. Auf der Ostseite, dem Stadion zugewandt, sah man auf dem Giebeldreieck den Kampf zwischen Pelops und Oinomaos. Im Innern des Tempels saß eine überlebensgroße Figur des Zeus. Der Künstler Phidias hatte sie aus den edelsten Materialien geschaffen. Sie zählte wegen ihrer Schönheit zu den sieben Weltwundern der Antike. Schon früh wurden zu Ehren des höchsten Gottes Wettspiele veranstaltet. Man glaubte sogar, Herakles habe seinem Vater Zeus die „allgriechischen Spiele" (panhellenischen Spiele) gestiftet. Sicher ist nur, dass sich seit 776 v. Chr. alle vier Jahre die besten Sportler Griechenlands hier zu friedlichem Wettstreit trafen. Während des fünftägigen Kampfes ruhten in ganz Griechenland die Waffen.

---

[1] *āthlēta, -ae* m. Athlet   [2] *cursor, -ōris* der Läufer (vgl. *currere, cursus*)

8 fierī

E 1. In Graeciā antīquā nōnnūllae urbēs lūdōs faciēbant.
2. Multīs in regiōnibus lūdī **fīēbant**.
3. Inter lūdōs gentēs pācem fēcērunt. Pāx sacra **facta est**.
4. Hodiē quoque lūdī Olympicī **fīunt**.
5. Optēmus, ut pāx nōn sōlum inter lūdōs **fīat**, sed aeterna sit!

L **Die Olympischen Spiele**

Die Olympischen Spiele waren im Altertum nicht für jeden zugänglich. Grundsätzlich war es nur freien griechischen Bürgern erlaubt, aktiv oder passiv an den Spielen teilzunehmen. Barbaren, also auch Römer, waren von den Spielen ausgeschlossen. Eine römische Gesandtschaft, die in Athen während der Spiele im Jahr 452 v. Chr. anwesend ist, weiß zu berichten:

Cum nuntiatur ludos fieri, arma silent non solum in Graecia ipsa, sed cunctis in regionibus, quas Graeci incolunt, ut quam plurimi Graeci liberi ad ludos Olympicos proficisci possint. Haec pax eo modo fit, ut apud nos fiunt indutiae, quae apud Graecos „feriae belli" appellantur. Adulescentes vero, qui certaminibus
5 intersunt, in gymnasiis[1] exercentur, antequam cursu, disco[2], quadrigis[3], aliis disciplinis bene cum adversariis certant. Assidue a magistris his verbis incitantur: „Nemo sine labore immortalis fiet."

Omnes et gloriae et admirationis et dignitatis cupidi laudem Olympicam adepturi sunt. Itaque patres filios cohortantur, ne ab adulescentibus alterius urbis
10 vincantur. Antiquis temporibus fiebat, ut victores foliis ex arbore sancta olivae donarentur. Nunc vero, si qui athleta[4] vincit, victoria fit civium, qui eam coronam ornamentum ac decus patriae putant et adulescentem illustrem praemiis publicis ornant.

Ü a) *Bilde die Tempusreihe zu:* proficiscitur – facimus – confiteris – fit

b) *Ersetze die Verben durch die entsprechenden Formen von* fieri *und übersetze:*
iniuria non committitur – clamor orietur – pax convenit – concilia haberentur

c) *Setze ins Passiv:* faciunt – faciat – faciebant – facerent – facient – facere – fecerunt – affecerat – confecisset

d) *Trimm dich fit, indem du das Subjekt zu* fit, *bzw.* fiunt *bestimmst. Übersetze:*
1. Quod cito fit, cito perit. 2. Quae publice fiunt, nemo ignoret. 3. Nihil sine causa fit.
4. Iniuria est id, quod non iure fit.

---

[1] *gymnasium, -ī* Gymnasium; öffentlicher Platz in griechischen Städten, auf dem die Jugend trainierte [2] *discus, -ī* Wurfscheibe [3] *quadrīgae, -ārum* Viergespann [4] *āthlēta, -ae* m. Athlet

e) *Übersetze:* 1. Facio libenter, quod per litteras tecum colloquor. 2. Servi dominorum facti sunt. 3. Iure belli multae regiones populi Romani factae sunt. 4. Bene facis, quod me adiuvas. 5. Bene fit, quod istum hominem scelestum numquam vidi. 6. Vos de victoria certiores faciemus.

f) *Übersetze mit Hilfe eines Partizips:* Die Fremden, die die Stadt betreten – die Händler, die ihre Waren verkaufen wollen – die Gefahren, die vom Staat abgewendet wurden – die Häuser, die durch den Sturm zerstört wurden – die Bürger, die auf *(per)* allen Straßen zum Forum eilen – die Pflichten, die von vielen vernachlässigt wurden – der Konsul, der im Exil leben will – der Bauer, der seine Felder abmißt

g) *Zur Abbildung:* Beobachte die Zuschauer. Wer darf zuschauen? Wer könnte der Trainer sein? Woran erkennt man den Schiedsrichter?

Z „Bodybuilding" – *Was bringt's?* Der Philosoph Seneca nimmt Stellung:
Cogita tecum: Quam multi corpora exercent, ingenia quam pauci! Quantus concursus ad spectaculum fit, quanta quies circa artes bonas est! Quam infirmi animo sunt ii, quorum lacertos[1] umerosque admiramur! Corpus multis rebus eget, ut valeat. Animus ex se crescit, se ipse alit, se exercet.

S Das Programm der Spiele sah meistens so aus:
1. Tag: Agon (Wettkampf) der Trompeter und Herolde, Ablegung des Eids
2. Tag: Kampf der jungen Männer (Altersklasse bis 18 Jahre)
3. Tag: Wagenrennen, Fünfkampf
4. Tag: Opfer zu Ehren des Zeus
5. Tag: Laufen, Ringen, Faustkampf, Pankration (Allkampf), Waffenlauf
6. Tag: Siegerehrung, Festmahl für die Sieger

---

[1] *lacertus, -ī* der Arm

9 Ablativus absolutus (mit Partizip)

E 1. Lūdī Olympicī aestāte celebrābantur.

2. Itaque adulēscentēs **vēre exeunte** aut **aestāte ineunte** ad lūdōs Olympicōs proficīscēbantur.

3. Dum adulēscentēs ad lūdōs Olympicōs properant, summa pāx est.
Adulēscentibus ad lūdōs Olympicōs **properantibus** summa pāx est.

4. Postquam sacrificia perfecta sunt, adulēscentēs dē victōriā certābant.
Sacrificiīs perfectīs   adulēscentēs dē victōriā certābant.

5. Quamquam pāx iussa erat, nōn omnēs regiōnēs quiētae erant.
Pāce iussā   nōn omnēs regiōnēs quiētae erant.

L Ein Skandal in Olympia

Große Aufregung herrscht im Heiligen Bezirk von Olympia. Aber diesmal sind es nicht die Wettkämpfer, die dem Organisationskomitee Schwierigkeiten bereiten. Das Gremium der Schiedsrichter ist zusammengetreten. Ein Sprecher beginnt:

„Quanta contumelia! Quantum flagitium! Maioribus nostris placebat, ut feminae, dum viri ludos Olympicos celebrant, domi sederent ac liberos educarent.

Nos consilio convocato praecepta certaminum dedimus. Quibus sanximus, ne qua femina Alpheum flumen transgrederetur viris certantibus. Vultisne[1] scire, quid
5 heri factum sit? Multis vigilantibus Alpheum transgressa est femina quaedam! Venit Olympiam, fit quasi certaminis particeps vobis non resistentibus, videt omnia, quae nulla femina umquam vidit. Sed Iovi maxima gratia sit: ista scelesta capta est. Animadvertite in eam quam severissime!"

Auf diesen Antrag hin erhebt sich ein Vertreter der Gegenpartei:

„Omnes homines, qui de rebus dubiis consultant, sine ira et studio iudicare
10 debent. Capta muliere, iudices, iure indignamur! Sed comprehensa non est mulier – mater comprehensa est! Omnibus portis stadii[2] custoditis illa virili veste induta venit, ut victoriis iam ab avo, a fratre, a marito reportatis etiam filium certantem conspiceret. Nemo illam in hoc coetu hominum animadvertit. Adversariis a filio superatis adeo commota est, ut limina stadii[2] transgrederetur et adulescentem
15 complecteretur. Quo in motu vestis subito de corpore de-lapsa est."

Die Betroffenheit der Richter nutzt der Sprecher aus und stellt den Antrag, der sportbegeisterten Mutter die übliche Todesstrafe zu erlassen. Die Begründung lautet: Rücksicht auf den olympischen Ruhm ihrer Familie. Man nimmt den Antrag an, zieht aus dem Vorfall aber Konsequenzen: Künftig werden die Stadionkontrollen noch schärfer und die Trainer müssen, wie die Wettkämpfer selbst, die Kleidung ablegen.

---

[1] *vultis* ihr wollt   [2] *stadium, -ī* Stadion

Ü a) *Bilde alle Partizipien zu:* praebere – imponere – gerere – invenire – promittere – polliceri

b) *Setze in den Ablativ:* iuvenes certantes – orator prudens – homo laborans – tempestas vehemens – certamina finita – cives divites – sacerdos orans – clamor ingens – metus depositus – ver iniens.

c) *Verwandle in einen Ablativus absolutus mit Partizip Präsens* (*Beispiel:* adulescentes gloriam petunt → adulescentibus gloriam petentibus) *und übersetze:*
1. Graeci ludos committunt. 2. Sacerdotes auspicia habent. 3. Iuvenes labores suscipiunt. 4. Populus athletas[1] incitat. 5. Amici victoriam celebrant.

d) *Verwandle in einen Ablativus absolutus mit Partizip Perfekt Passiv* (*Beispiel:* inimici vincuntur → inimicis victis) *und übersetze:* 1. Dies festi aguntur. 2. Templa ornantur. 3. Di coluntur. 4. Spes tollitur. 5. Ludi committuntur.

e) *Erstelle eine Liste aller Ablativi absoluti aus dem Lesestück und bestimme deren Sinnrichtungen. Welche Ablativi absoluti sind durch ein Objekt erweitert?*

f) *Übersetze: Bestechung und Streik bei Olympischen Spielen*
1. Athletae[1] victoriam non argento, sed celeritate[2] pedum et robore corporis petant! 2. Victoria argento parta iudices consilium habuerunt. 3. Consilio severo inito quidam Atheniensis, qui adversarium argento corruperat, e ludis dimissus est. 4. Quo dimisso Athenienses petiverunt, ut absolveretur. 5. Iudicibus preces re-pellentibus Athenienses eo anno ludis non iam interfuerunt.

g) *Setze die in Klammern stehenden Ausdrücke in den richtigen Kasus und übersetze:* propter (minae) – per (litterae) – inter (mons et flumen) – cum (hospites) – ab (urbs condita) – contra (natura) – ex (id tempus) – apud (gens finitima) – ante (lux)

Z Ein knorriger Philosoph – der wahre Olympiasieger
Diogenes consuetudinem reliquorum hominum suae aetatis saepe non sequebatur. Vita simplici a multis aequalibus neglecta Diogenes acerrime contra cupiditates, contra luxuriam atque divitias pugnabat. Aliquando ludis Olympicis commissis Diogenes ad certamina profectus est. Omnibus athletis[1] de victoria certantibus Diogenes corona victoriae ornatus per vias illius loci sacri ingressus est, quamquam certaminibus non interfuerat. Multi eum rogaverunt: „Qua re illum honorem meruisti?" Tum Diogenes respondit: „Ego quoque victor sum. Iram domui, voluptates coercui, luxuriae non indulsi. Itaque mihi ipse victoriam tribui."

S Bis weit in die Kaiserzeit wurden die Olympischen Spiele fortgesetzt. Erst Theodosius I. verbot sie im Jahre 394 n. Chr. Sie galten wegen ihres heidnischen Charakters als nicht mehr zeitgemäß. Die moderne Wiederbelebung der „Olympischen Idee", des friedlichen Wettkampfes der Völker, erfolgte durch den Franzosen Pierre de Coubertin im Jahre 1896. Die ersten Olympischen Spiele der Neuzeit fanden in Athen statt. Bereits 1900 wurden Frauendisziplinen eingeführt (z. B. Bogenschießen). Über dreißig Disziplinen sind als olympisch anerkannt, jedoch nicht jedes Mal auf dem Programm. Die klassischen Wettkämpfe der Antike (z. B. Lauf, Weitsprung) gelten auch heute noch als besonders attraktiv für Zuschauer und Athleten. Allen Disziplinen gemeinsam ist der Wahlspruch der Kämpfer: *citius – altius – fortius.*

---

[1] *āthlēta, -ae* m. Athlet   [2] *celeritās, -ātis* f. Schnelligkeit

10 Ablativus absolutus (mit Partizip von Deponentien)

E 1. **Sacerdōtibus** mūnere **fūnctīs** rēx Persārum agmen proficīscī iussit.
2. Persārum mōs erat **sōle ortō** proficīscī.
3. **Agmine prōgrediente** sacerdōtēs carmina cantābant.
4. Mīlitēs currus aureus rēgis secūtus est **fēminīs** rēgīnam **comitantibus**.

L ## Der Gordische Knoten

Alexander der Große hat die Küstenstädte Kleinasiens erobert und befindet sich auf dem Weg nach Osten. In der Stadt Gordium reizt ihn eine besondere Aufgabe:

Nonnullis urbibus maritimis Asiae expugnatis Alexander Gordium petivit. Qua urbe potiturus erat non solum cupiditate gloriae belli inductus, sed etiam quia in eius arce celeberrimum oraculum erat. Id profitebatur eum, qui vinculum plaustri[1] cuiusdam solvisset[2], toto orbe terrarum potiturum esse. Alexandro urbe
5 potito omnes intenti erant: „Idne munus difficillimum regi continget, quod adhuc nemo exsecutus est?"
Rege milites suos hortato, ne animo deficerent, agmen frequens arcem ascendit. Ibi omnes illud plaustrum[1] illustre Iovi consecratum admirabantur. Alii exspectatione commoti, alii solliciti erant propter nimiam audaciam Alexandri.

Deichsel und Wagenkorb waren mit einem Geflecht von Schnüren scheinbar unauflösbar verbunden – eben mit dem „Gordischen Knoten".

Alexander plaustro[1] appropinquavit militibus comitantibus. Primo initium laquei[3] nullo modo invenire potuit. Nequiquam diu meditabatur. Re frustra temptata Macedones regem hortabantur, ut incepto desisteret. Confirmaverunt se fortitudini regis magis confidere quam fortunae. Is autem huius sententiae Aristotelis magistri memor erat: „Fiducia sublata spes quoque tollitur." Itaque: „Non interest", inquit, „quomodo laquei[3] solvantur", et omnes laqueos[3] uno ictu gladii secuit. Ita verba oraculi et irrisit et implevit.

Damit hatte er seinen Soldaten, aber auch den Beobachtern, die sich schon auf seine Niederlage freuten, ein Zeichen gegeben. Die Tat Alexanders, ein Problem, das unlösbar scheint, auf so überraschende Weise zu lösen, wurde sprichwörtlich; vgl. dazu das nebenstehende Bild (Rom, Engelsburg)

---

[1] *plaustrum, -ī* Planwagen   [2] übersetze mit Indikativ   [3] *laqueus, -ī* Strick

Ü a) *Beantworte die folgenden Fragen lateinisch:* 1. Cur Alexander urbe Gordio potitus est? 2. Cur nonnulli amici Alexandri solliciti erant? 3. Quid oraculum pollicitum est ei, qui vinculum solveret? 4. Quomodo Alexander vincula solvit?

b) *Ersetze die Relativsätze durch eine Partizipialkonstruktion (mit Partizip Präsens):*
Alexander, qui Ciliciam petit, . . . – qui cum agmine proficiscitur, . . . – qui barbaros persequitur, . . . – qui regi Persarum imminet, . . . – qui vates consultat, . . .

c) *Ersetze die Relativsätze durch eine Partizipialkonstruktion (mit Partizip Perfekt):*
Alexander, qui prima luce proficiscebatur, . . . – qui milites hortatus est, . . . – qui periculi non obliviscebatur, . . . – qui urbem ingressus est, . . . – qui regiones ignotas percontabatur, . . . – qui fortuna sua gloriabatur, . . .

d) *Forme die Partizipialkonstruktionen der Übungen b) und c) in einen Ablativus absolutus um und übersetze.*

e) *Welche Sinnrichtungen geben die folgenden Adverbialsätze an? Ordne zu:*
1. Finalsatz 2. Konsekutivsatz 3. Kausalsatz 4. Konzessivsatz 5. Temporalsatz
6. Konditionalsatz
a) Zeit b) Folge c) Grund d) Bedingung e) Absicht f) Einräumung
Nenne zu jedem Adverbialsatz je eine lateinische Subjunktion.

f) *Übersetze die Wendungen und achte genau auf die Sinnrichtungen:*
1. *Konzessivsätze:* amicis nos hortantibus – amicis nos hortatis – amicis a nobis monitis
2. *Temporalsätze:* sacerdotibus deos colentibus – deis cultis – civibus deos venerantibus – sacerdotibus deos veneratis
3. *Kausalsätze:* imperatore condiciones pacis aspernante – imperatore condiciones pacis aspernato – condicione pacis spreta – nobis veteres amicitias non spernentibus

g) *Stelle fünf lateinische Substantive zusammen, die zum Wortfeld „Schicksal, Glück" gehören.*

Z Kann Alexander gerettet werden?
Agmine media aestate in Ciliciam progresso Alexander ad urbem Tarsum pervenit, quam Persae igne delere studebant. Alexander cum barbaros urbem reliquisse cognovisset, eam ingressus est summo diei aestu.
Per mediam urbem Cydnus fluit. Postquam vestem deposuit, Alexander in conspectu agminis descendit in flumen frigidum. Subito horror[1] ingens corpus regis per-fudit. Ministri regem morienti similem ad ripam[2] portaverunt. Magno metu in castris orto medicus regi fidus pollicitus est se vim morbi remedio acri levaturum esse.

S Alexanders Leben und Taten haben die Nachwelt tief beeindruckt.
Die antiken Geschichtsschreiber zeichneten ein fast idealistisches Bild des Königs, um das sich immer mehr Anekdoten rankten. Die unerhörten Taten Alexanders regten die Phantasie der Nachwelt an, so dass sogar Alexander-Abenteuerromane entstanden, die im Mittelalter besonders beliebt waren. Alexander blieb im Abendland (vor allem in Frankreich und Deutschland), aber auch im Morgenland (z. B. in Persien) jahrhunderte-lang der Typ des Helden.

---

[1] vgl. *terrēre – terror / horrēre – horror* [2] *rīpa, -ae* Ufer

11 Ablativus absolutus (mit Substantiv oder Adjektiv)

E 1. **Amīcīs praesentibus** Alexander aeger propinquam mortem sentiēbat.

2. **Omnibus invītīs** medicus novum remedium experiēbātur.

3. Nōn sōlum **medicō auctōre**, sed etiam deīs adiuvantibus Alexander iter ad fīnēs terrae perrēxit.

L **An den Grenzen der Welt**

In einem makedonischen Dorf wird gefeiert. Ein Soldat Alexanders ist aus Asien zurückgekehrt; ihm zu Ehren wird ein Fest gegeben. Natürlich wird er gefragt, wo er gewesen sei, was er erlebt habe, warum er jetzt wieder in der Heimat sei. Er beginnt seinen Bericht:

„Alexandro duce regiones ultimas petivimus. Cum in summis periculis essemus, rege adiuvante omnia mala superavimus: frigus, inopiam, famem, solitudinem. Quo duce ad fines Indiae, ad Hyphasim amnem, progressi eramus ibique in ulteriore ripa haec invenimus: silvas infinitas, arbores eximiae altitudinis, paludes
5 foedas, beluas adhuc ignotas, magnam vim serpentium. Nobis invitis Alexander tamen constituit, ut flumen transiretur."

Der Soldat erzählt weiter: „Wir wollten aber nicht mehr. Immer stärker wurde der Widerstand gegen die Pläne Alexanders, den wir doch so verehrten. Selbst seine Rede, in der er uns von den Schätzen Indiens erzählte, konnte uns nicht umstimmen. Es kam fast zur Meuterei ...

Ceteris cunctantibus Coenus, unus ex sociis meis, tandem ad Alexandrum accessit et ‚Dareo rege superato‘, inquit, ‚fauces Ciliciae, campos Mesopotamiae, Tigrim et Euphratem amnes transiimus. Capite Persarum flammis everso extremas
10 regiones terrae velut Scythiam et Bactriam tetigimus. Nunc paene in ultimo mundi fine consistimus. Te praesente haec profitemur: te duce tot annos per maria terrasque vagabamur, virtus tua semper crescet, nostrae autem vires iam confectae sunt. Intuere corpora nostra laboribus fessa! Cur gloriam petis, quam nemo adhuc assecutus est?‘

Ihr könnt euch vorstellen, wie bedrückt Alexander nach dieser Rede war, zumal wir alle Beifall klatschten. Er ging schweigend in sein Zelt und am nächsten Tag verkündete er: ‚Wir ziehen nach Hause!‘ Und so kann ich jetzt mit euch meine glückliche Heimkehr feiern."

Ü a) *Stelle aus L alle Ablativi absoluti zusammen und ordne sie folgendermaßen:*
1. Abl. abs. mit Partizip 2. Abl. abs. mit Substantiv 3. Abl. abs. mit Adjektiv

b) *Übersetze treffend mit einem Präpositionalausdruck:* natura duce – consule ignaro – mari tranquillo – amicis absentibus – me vivo – sacerdote auctore – Cicerone consule – patre invito

c) *Suche zu jedem Substantiv das passende Partizip und übersetze dann:*
legibus – nullo – clamore – diligentia – senatu – parentibus
dimisso – invitis – observatis – orto – resistente – adhibita

d) *Wie das Lesestück zeigt, waren Alexanders Soldaten durch die Strapazen ermüdet. Kein Wunder, denn er forderte sie immer wieder auf: „Wir werden ..." – Bilde im Futur:* itinera maxima facere – flumina transire – ad regiones extremas progredi – hostes vincere – pericula subire – ad mare proficisci – ad fines terrae pervenire

e) *Alexander hat vieles erreicht. Bilde jeweils die 3. Person Singular im Perfekt und übersetze dann:* regiones extremas petere – victoriam adipisci – praedam nancisci – opes capere – gloriam assequi – sibi laudem parere – honores consequi

f) *Mit dem Auto auf Alexanders Spuren könntest du heute durch die folgenden Länder reisen:* GR – TR – SYR – RL – IL – ET – JOR – IRQ – IR – AFG – PAK – IND *Verfolge Alexanders Weg anhand der internationalen Autokennzeichen.*

g) *Im äußersten Nordwesten Frankreichs liegt eine Landschaft, die im Französischen den Namen* Finistère *trägt. Warum wohl? Im Nordwesten Spaniens findest du das* Kap Finisterre. *Wie müsste* Land's End *an der Südwestspitze Englands auf Lateinisch heißen?*

h) *Ein aufschneiderischer Soldat aus dem Heer Alexanders erzählt (nur im Komparativ und Superlativ). Steigere also:* hiems aspera – itinera mala – amnis latus – bestiae acres – feliciter pugnavimus – consilia bona – magna eloquentia – sapienter egimus

Z Trauer im Lager des Dareus
Pugna felici pugnata Macedones Alexandro duce barbaros in omnes partes fugientes persequi coeperunt. Alios barbaros nullo resistente rectum iter ad Persas ducebat, alii rupes occultas[1] montium petebant, pauci castra Darei. Sed illa quoque victores iam ingressi erant.
Omnium oculos animosque in se converterant captivae mater coniunxque Darei: illa non dignitate solum, sed etiam aetate in summo honore erat, haec pulchritudine. Magna feminarum nobilium turba circa eas constiterat. Et mater et coniunx negabant se captivas fore rege vivo. Sed is familia relicta fugae se dederat.

S In achteinhalb Jahren hatte das Heer Alexanders 18 000 Kilometer zu Fuß zurückgelegt und war an die Grenzen der damals bekannten Welt vorgestoßen. Den König trieb aber nicht nur der Eroberungswille, sondern auch die Neugier, Unbekanntes zu erfahren. Auf allen seinen Zügen hatte er einen Stab von Wissenschaftlern dabei, die alles Merkwürdige notierten und sammelten. Die Ergebnisse der Studien wurden in der königlichen Bibliothek zu Alexandria (Ägypten) allen Wissenschaftlern zugänglich gemacht. – Der Welteroberer Alexander, dessen Reich sich von West nach Ost über fast 4 000 Kilometer, von Nord nach Süd über fast 1 800 Kilometer erstreckte, leistete damit einen großen Beitrag zur Erforschung der Welt.

Buddha-Bildnis aus Indien (London, British Museum)
Erst nach dem Alexanderzug wurde Buddha nach Vorbildern der griechischen Kunst dargestellt.

---

[1] *occultus, a, um* versteckt, verborgen

12 Prädikativum

E 1. Alexander iam **puer** dēcrēverat aequālibus fortitūdine praestāre.
2. **Prīmus** cum exercitū ad ultimās regiōnēs orbis terrārum pervēnit.
3. Iuvenis **laetus** cum mīlitibus eō profectus est, sed **trīstis** rediit.
4. Dārēus veritus est, nē **vīvus** in hostium potestātem venīret.

L Alexander als „Heiratsvermittler"

Der Rückmarsch von den Grenzen der Welt auf dem Landweg war äußerst schwierig. Durch Wüstengebiete, über unwegsame Gebirgsketten erreichte Alexander mit seinen Soldaten erst nach einem Jahr wieder die Ebene des Euphrat und Tigris, die Residenzstadt Susa. Eines war ihm auf seinem Marsch klar geworden: Ein solch riesiges Reich bedarf des Zusammenhalts der Staatsvölker.

Tot nationibus subactis Alexander incolumis ad Susa oppidum pervenerat et familiares suos ad convivium invitavit. Qui ex omnibus partibus regni frequentes convenerunt. Rex ipse more rituque Persarum amicos, qui cultum peregrinum aspernabantur, vestem Persicam induere iussit. Quibus verbis obsequebantur nec
5 irati nec inviti, propterea quod Alexander magna proposuerat: „Decet Persas et Macedones, quae sunt maximae nationes regni mei, matrimonio coniungi. Hoc uno modo et victis pudor et superbia victoribus detrahi potest."

Inter convivium triginta virgines Persarum eximia forma et pulchritudine deinceps intraverunt. Princeps Alexander ad Barsínam, filiam Darei regis, accessit
10 eamque, quamquam iuvenis Roxanem virginem coniugio sibi adiunxerat, alteram in matrimonium duxit. Tum aliae virgines diversae virum quemque[1] destinatum adibant, ut illi osculum darent. Deinde coniuges panem et salem praebitum laeti inter se more patrio et Persarum et Macedonum diviserunt. Maximis muneribus acceptis omnes in patriam suam redierunt. Traditum est postero die plus quam
15 decem milia Macedonum uxores Persicas in matrimonium duxisse. Hoc modo Alexander Asiae et Europae nationes adhuc inimicas inter se iunxit, ut communi pace fruerentur.

Ü a) *Übersetze und bedenke dabei den Unterschied in der Verwendung von Adverb und prädikativem Adjektiv:*
1. Philippus medicus Alexandrum admodum adulescentem curavit. 2. Alexander salvus copias Persarum persecutus est. 3. Primus mores gentium ignotarum cognovit. 4. Semper flumina montesque diligenter percontatus est. 5. Barbari timidi se fugae mandaverunt. 6. Uxor Darei inopinans sortem regis quaesivit. 7. Alexander in India milites invitos semper cohortatus est, ne desperarent. 8. Ii autem tristes solum intuebantur et Alexandrum timidi rogaverunt, ut hoc iter longum finiret. 9. Invitus in patriam redire coepit.

---

[1] *quemque* (Akk.) wörtl.: jeden; hier: jeweils

b) *Übersetze:* 1. Sapiens nihil facit invitus, nihil iratus. 2. In medio tutissimus ibis. 3. Quem di diligunt, adulescens moritur. 4. Nemo tam pauper vivit, quam pauper natus est. 5. Pauci totos se consiliis aliorum tradunt.

c) *Übersetze und bewerte die folgenden Aussagen Alexanders. Zu wem spricht er? In welcher Situation?*
Medici sciant me non tam mortis quam belli remedium quaerere.
Leges pacis a victoribus dicuntur, accipiuntur a victis.
Sicut in corporibus aegris medici relinquunt nihil, quod nociturum est, sic nos secemus id, quod imperio obstat!
Pervenimus ad solis ortum et Oceanum; nisi obstat ignavia, inde victores domito fine terrarum redibimus in patriam.
Ego me metior non aetatis spatio, sed gloriae. – Ego, qui non annos meos, sed victorias numero, diu vixi, si munera fortunae bene numero.

d) *Bilde das Adverb zu:*
aptus – vehemens – acer – audax – miser – celer – constans – iustus – asper – felix – bonus

e) *Im Deutschen ein Adverb, und im Lateinischen?*
1. *zwei Verben (Hendiadyoin „Einsdurchzwei“):* rogare et orare *innig bitten*
2. *ein Substantiv im Ablativ:* litteris (tradere) *schriftlich (überliefern)*
3. *ein Präpositionalausdruck:* contra leges (agere) *gesetzeswidrig (handeln)*
4. *ein Praefix:* sub-ripere *heimlich rauben.*
Übersetze entsprechend: 1. relinquere ac deserere, cupere et optare, consumere et ex-haurire 2. casu, verbo, vi, una voce, studio, consilio 3. per litteras, sine causa, per vim, magna ex parte 4. com-movere, sub-sequi, per-terrere, pro-fiteri

Z Der Ring des Königs – eine allzu schwere Last
„Cui regnum relinques, Alexander?“ – Alexander moriens respondit: „Optimo.“ Alexander ipse Perdiccam amicum optimum iudicavit, cui nuper anulum tradiderat. Rege mortuo eius custodes corporis amicos ducesque copiarum convocaverunt in domum regiam. Secuta est militum turba, quae id scire volebat[1]: „In quem Alexandri fortuna transibit?“ Tum Perdicca regiam sedem, in qua vestis Alexandri cum armis erat, in conspectu omnium vertit et anulum sibi a rege traditum in eadem sede posuit. „Ego quidem“, inquit, „anulum ab Alexandro ipso mihi traditum reddo. Tantum onus subire non possum.“

S Alexander der Große hat auf die Kulturen dreier Kontinente eingewirkt. In Asien nennt man ihn heute noch „Iskander, den Sohn des Dareus“, die Ägypter hielten ihn für den letzten Nachkommen der großen Pharaonen, und die Europäer des Mittelalters sahen in Alexander die Verwirklichung des idealen Ritters. Gerade die Römer nahmen den Makedonen zum Vorbild: Augustus trug sogar einen Siegelring mit dem Porträt Alexanders. Nach Alexanders Tod beeinflussten griechische Geisteswelt und Lebensart den gesamten Mittelmeerraum und den Osten. Man nennt diese Epoche, die ihren Ausgang von den Ideen Alexanders nahm, Hellenismus.

---

[1] *volēbat* er, sie, es wollte

Rom:
res publica libera

Im dritten Abschnitt von ROMA (Kap. 13–22) befinden wir uns wieder in Rom, zur Zeit der Republik. Ihr kennt euch ja in der Stadt schon gut aus und wisst, dass das Forum das Zentrum der antiken Stadt war. Besonders die Politiker schwirrten dort herum. Sie wollten das Volk von ihren Ideen überzeugen. Es wurde diskutiert, manchmal erbittert gestritten. Meist ging es dabei um die Fragen: "Sind denn nicht alle Bürger gleich? Dürfen sich die reichen Adligen mehr erlauben als die einfachen Leute?" Was meint ihr dazu? Wie endet die Auseinandersetzung zwischen den Patriziern und Plebeiern?

Mit berühmten Römern werden wir zusammen sein im Feldlager und vor Gericht. Männer spielten in der Politik die Hauptrolle. Manchmal sind aber die Frauen in Rom durchaus die Klügeren! Politisch waren sie nicht untätig. Was haltet ihr von einer Dame namens Cornelia, die ihren Sohn, einen übereifrigen Staatsmann, von einer unsinnigen Tat zurückhalten will? Oder gar von einer Mutter, die mitten ins feindliche Lager geht, um einen Krieg zu verhindern?

13 velle – nōlle – mālle

E 1. Quis **nōn vult** omnēs hominēs iīsdem lēgibus ūtī?
2. Rōmānī lēgēs novās scrībere **volunt / voluērunt**.
3. **Nōlunt / Nōluērunt** in ūnā urbe genera iūris dīversa esse.
4. Rōmānī: „Lēgēs Graecōrum imitārī **mālumus**
   quam lēgēs iniūstās dare."

L **Gleiches Recht für alle**

Aufruhr herrscht im alten Rom. Heftig streiten die Anhänger der Adligen mit denen des Volkes. Es gibt nämlich noch keine geschriebenen Gesetze. Das ist in einem Staat ungewöhnlich. Um das Jahr 451 v. Chr. erreicht die Auseinandersetzung einen Höhepunkt. Ein Vertreter der Popularen spricht zum Volk:

„Nos populares leges iustas volumus. Isti optimates autem legibus scriptis parere nolunt. Vos et aequum ius et liberam civitatem vultis. Nolite desperare! Quod vos vultis, etiam ego volo. Nam servitute premi non vult, qui aequitatem legum amat. Optimates tandem finem dissensionis faciant! Si omnes idem vellent atque idem
5 nollent, concordia esset.

Itaque leges aequae scribantur! Quod nisi fit, ex hac iniuria maximae seditiones orientur. Cur, vos rogo, optimates instituta Atheniensium noscere nolunt, quamquam leges, quas ille Solo scripsit, optimae sunt? Etiamsi optimates malunt rem publicam Romanam iure Romano regi, tamen observanto optimas leges
10 Graeciae! Nam aliter leges nostrae numquam fons omnis iuris fient. Itaque optimates decemviros creanto! Ii in Graeciam proficiscantur, ut aequitatem iuris in patriam reportent!"

Die „Zehnmänner zur Aufzeichnung der Gesetze" werden eingesetzt, erhalten konsularische Macht und legen nach einem Aufenthalt in Athen dem römischen Volk zehn Gesetzestafeln vor, die durch zwei weitere zum berühmten „Zwölftafelgesetz" ergänzt werden.

Ü a) *Obige Abbildung kennst du bereits. Wie sind auf der Tafel die einzelnen Buchstaben geschrieben? Warum wohl? Kannst du die ersten beiden Zeilen lesen? Wie beginnen die einzelnen Gesetzesabschnitte? Entdecke die jeweilige Subjunktion.*

b) *Bilde die Tempusreihe zu:* vult – mavis – nolunt.

c) *Ersetze die Formen von* velle *durch die entsprechenden Formen von* nolle *und* malle: volumus – voluistis – velim – volet – voluissent – vellent – vultis – voluisse

d) *Ersetze die Formen von* cupere *durch* velle, *die von* spernere *durch* nolle *und die von* anteponere *durch* malle: cupis, cupivit, cupiebant, cupiam; spernes, sprevisset, spernentes, spreverunt; anteposuisti, anteponis, anteponant, anteposuerim

38

e) *Wer will was? Übersetze alle Verbformen:* 1. (Wir wollen) terras alienas (kennenlernen). 2. Germani (wollen lieber) in silvis (jagen) quam agriculturae (sich bemühen). 3. Oedipus (wollte nicht) ad suos parentes (zurückkehren). 4. Multi adulescentes (wollten und wollen) ludis Olympicis (teilnehmen).

f) *So geht's nicht! – Ersetze den verneinten Imperativ (Prohibitiv) durch die jeweils andere Bildungsmöglichkeit (Beispiel:* Ne clamaveris!/Noli clamare! *bzw.* Ne clamaveritis!/Nolite clamare!):
1. Ne iniuriam feceris! 2. Ne leges neglexeris! 3. Nolite vitia aliorum imitari! 4. Ne officiorum oblitus sis! 5. Ne sine consilio egeris! 6. Noli anteponere privata negotia negotiis publicis! 7. Noli sinere amicos tuos offendi! 8. Ne amicis damnum dederitis! 9. Noli me tangere!

g) *Lege in deinem Heft ein Sachfeld zum Thema „Gesetz, Recht, Unrecht, Gerechtigkeit, Gericht, Strafe" an. Ergänze das Sachfeld im Laufe des Schuljahres.*

h) *Übersetze die folgenden Rechtsgrundsätze. Wähle die drei aus, die dir persönlich am wichtigsten erscheinen. Begründe deine Auswahl:*
1. Leges ab omnibus intellegi debent. 2. Lex iniusta non est lex. 3. Ne bis in idem (crimen)! 4. Nulla poena sine lege. 5. Lex non distinguit (homines). 6. Vim vi re-pellere licet. 7. Unus testis, nullus testis. 8. Arma in armatos sumere iura sinunt. 9. Ignorantia[1] legis neminem excusat. 10. Legem brevem esse oportet.

i) *Weise die folgenden Bestimmungen aus dem Grundgesetz (GG) der Bundesrepublik Deutschland und aus dem Bürgerlichen Gesetzbuch (BGB) jeweils dem lateinischen Vorbild aus Ü h) zu:*
A: Alle Menschen sind vor dem Gesetz gleich. (Art. 3,1 GG)
B: Eine durch Notwehr gebotene Handlung ist nicht widerrechtlich. (§ 227 BGB)
C: Eine Tat kann nur bestraft werden, wenn die Strafbarkeit gesetzlich bestimmt war, bevor die Tat begangen wurde. (Art. 103,2 GG)
D: Niemand darf wegen derselben Tat auf Grund der allgemeinen Strafgesetze mehrmals bestraft werden. (Art. 103,3 GG)

Z Gesetze für das Volk und durch das Volk – ein historischer Bericht
Romani cum de legibus intenti disputavissent, legatos Athenas mittere maluerunt, ut leges praeclaras Solonis cognoscerent. Multi Romani enim leges Graecorum neglegere nolebant, immo eas meliores reddere voluerunt.
Postquam legati cum Atticis legibus redierunt, cives postulabant, ut decemviri tandem leges scribere inciperent. Propositis decem tabulis decemviri populum eas leges legere iusserunt. Legibus satis correctis et duabus tabulis paulo post adiectis plebeii et patricii consenserunt id corpus iuris et civibus et posteris bonum utileque esse.

S Das Zwölftafelgesetz bildet den Anfang und die Grundlage der weiteren Rechtsentwicklung in Rom. Es wurde gleichsam zum „Grundgesetz" der Römer. Auf zwölf ehernen Tafeln konnten die Besucher auf dem Forum die Vorschriften über Prozessordnung, Privatrecht und religiöses Recht lesen. Die Vorschriften der Zwölftafeln wurden im Lauf der Jahrhunderte ergänzt und der jeweiligen Zeit angepasst. In ihrem Kern galten sie aber ein ganzes Jahrtausend.

---

[1] *ignorantia:* abzuleiten von *ignorare*

14 Akkusativ bei transitiven Verben
Akkusativ bei Verben der Gefühlsäußerung

E 1. **Cūrāte** vestra **negōtia**!
2. Philosophī optant, ut vīta hominum **nātūram sequātur**.
3. Iūre **iniūriam indignāmur**.
4. Iūstitia **omnēs decet**.
5. **Mē** nōn **fugit** vōs quoque **iūstitiam petere**.

L Coriolan, ein Feldherr zwischen Hass und Liebe

Der Römer C. Marcius Coriolanus führt nach seiner Verbannung die Truppen der Volsker, eines feindlichen Volksstammes, gegen seine eigene Vaterstadt. Offizielle Friedensgesandtschaften weist er ab. Am Tag vor dem entscheidenden Angriff aber nähert sich ein Zug von Frauen und Kindern dem Lager. Coriolan wird gemeldet: „Mater coniunxque et liberi adsunt" – Schon steht Veturia, seine Mutter, vor ihm und spricht ihn an:

„Priusquam complexum tuum accipio, responde: Ad hostem an ad filium veni? Scire velim: Captiva an mater in castris tuis sum? Te duce exercitus odio hostili urbem nostram aggreditur civibusque perniciem minatur. Te non pudet hunc agrum paternum, qui te genuit atque aluit, ab hostibus everti. Nonne patriam
5 desideras? Nonne tibi haec in mentem veniunt: intra illa moenia domus ac penates mei sunt, mater, coniunx liberique? Cur consilia cepisti, quorum te paulo post paenitebit?

Nisi ego te peperissem, Roma non oppugnaretur, Romani detrimentum ac interitum urbis non horrerent. Patria nostra libera sit! Ego quoque, mater tua,
10 libera in civitate vitam liberam agere volo. Statum rei publicae gemere nolo, lugeo matris casum: Huic filio ex me nato pietas deest."
Uxor et liberi Coriolanum deinde magno cum fletu complexi sunt. Coriolanus primo stupuit, tandem „Summo in discrimine rerum", inquit, „mater filium verbis superavit, patriam liberavit." Suos complexus agmen mulierum dimisit et ab urbe
15 castra movit.

Ü a) *Übersetze mit den in Klammern angegebenen Verben:*
1. Wer bewirbt sich *(petere)* um dieses Amt? 2. Den Tapferen hilft *(adiuvare)* das Glück. 3. Den Truppen gingen die Kräfte aus *(deficere)*. 4. Räche dich *(ulcisci)* nicht für jede Beleidigung! 5. Dein Fleiß bleibt mir nicht verborgen *(fugit)*. 6. Einem Menschen, der an der Spitze des Staates steht, sollten (mögen) weder Klugheit noch Weisheit fehlen *(deficere)*. 7. Manche jammern *(miserari)* immer über ihr Schicksal. 8. Die fleißigen Freunde haben uns geholfen *(adiuvare)*. 9. Die Bürger entkamen *(effugere)* einer großen Gefahr. 10. Gehe Anstrengungen nicht aus dem Weg *(fugere)*!
b) *Übersetze die folgenden Sätze und achte dabei auf die Bedeutungsvielfalt von* peter:
1. Ad vesperum hospites urbem petiverunt. 2. Auxilium a parentibus petebam. 3. Homines integri magistratus petant! 4. Fur saepe fuga salutem petit. 5. Nemo invidiam quam gloriam petere mavult.

40

c) *Lob und Tadel für Politiker! Setze die Substantive in den richtigen Kasus und übersetze:*
1. Homines boni numquam adversus (civitas), sed semper pro (res publica) agent.
2. Consules de (res publica) bene mereantur! 3. Alii per (dolus), alii propter (metus), alii per (fides) multa pollicentur. 4. Magistratus officium nonnumquam intra (paucae horae) praestant. 5. Apud (Athenienses) multi a (negotia publica) se removerunt et ad (quies) fugerunt.

d) *Leider sind bei der Überlieferung lateinischer Texte auch Lücken entstanden. Welchen Konsonanten kannst du jeweils einsetzen? Wer findet mehr als 10 Lösungen? Übersetze die verschiedenen Möglichkeiten:* ma__is; no__is; vi__.

e) *Zur Abbildung: Die Römer bildeten Tugenden auf den Münzen als Personen ab. Stelle Begriffe zusammen, die als „Tugenden" auf den Geldstücken erscheinen könnten.*

Z Ausschluss von den öffentlichen Spielen
Aliquando senatus Romanus Volscos vetuit ludis interesse. Itaque hi omnes profecti et ex urbe egressi sunt. Volsci indignati sunt se tamquam homines scelestos e ludis publicis expulsos esse. Unus ex iis: „Nonne sensistis", inquit, „nobis magnam iniuriam factam esse? Nos enim abeuntes et omnibus civibus Romanis et cunctis peregrinis spectaculo fuimus. Quid deinde? Ne obliviscamur nos adhuc vivere, propterea quod celerrime profecti sumus, quod praecipites[1] fugimus! Si morati essemus, omnes mortui essemus. Bellum nobis indictum est."
Quibus verbis factum est, ut omnis Volscorum gens a Romanis deficeret et bellum contra Romanos pararet.

S Gerade auf *pietas* (auch als Göttin personifiziert), die die pflichtgemäße Gesinnung, die dankbare Liebe zu Personen und Sachen meint, achteten die Römer besonders.
Die *pietas* des Coriolan gegenüber seiner Mutter hat im Laufe der Jahrhunderte viele Schriftsteller und Künstler zu Werken angeregt. Der englische Dichter Shakespeare verfasste ein berühmtes Coriolan-Drama und Ludwig van Beethoven komponierte eine Coriolan-Ouvertüre.

Pietas als Gottheit
(Silbermünze aus der Zeit der Republik)
Durchmesser 2 cm

---

[1] *praeceps, -cipitis* kopfüber, überstürzt

15

Akkusativ der Person und der Sache
Akkusativ als inneres Objekt und adverbialer Akkusativ

E 1. Coriolānus **Volscōs**, inimīcōs populī Rōmānī, **scientiam** reī mīlitāris **docuit**.
2. Senātuī sententia Coriolānī nōn placuit: „**Quid** vēnistī? Quid agis?
3. Tua sententia apud nōs **nihil valet**.
4. Omnēs Rōmānī **vītam tranquillam vīvere** volunt.“

L **Muss man sein Versprechen immer halten?**

Nach Beendigung der inneren Kämpfe wenden sich die Römer verstärkt der Außenpolitik zu. Ihr
großer Gegner ist dabei Karthago, die bedeutende Handelsmacht. Im 1. Punischen Krieg treffen
die beiden Rivalen aufeinander.

M. Atilius Regulus primus Romanorum exercitum in Africam traiecit. Trecentis
castellis expugnatis Carthaginienses tandem Romanos circumvenerunt, imperatorem ex insidiis ceperunt. Regulum in vincula coniectum metus non invasit, quod
sciebat multos iuniores Poenorum in urbe Roma obsides esse. Postridie cum in
5 curiam Carthaginiensium ductus esset, principes Poenorum haec poposcerunt:
„Iubemus te senatum populi Romani adire, ut captivi nostri remittantur. Sed hoc
te monemus: Nisi impetraveris, ut nostri liberentur, malam servitutem servies,
immo ad mortem duceris. Proinde iurato hoc ius iurandum: Nisi redditi erunt
captivi Punici nobiles, ipse obses Carthaginem redibo.“

10 Id Regulus assensus est, Romam venit, in senatu consilia Poenorum exposuit.
Cum senatores Romanos de iussis Carthaginiensium docuisset, complures
affirmaverunt Regulum hoc iure iurando obligatum non esse. Alii autem, quia
civem ac imperatorem populi Romani servare volebant, poposcerunt, ut captivi
liberarentur. Tum Regulus: „Illi et adulescentes fortes sunt et duces boni, ego
15 autem senectute iam confectus sum. Nulla alia vi obligor nisi fide, quam hostibus
dedi. Caritate meorum non retineor. Non ignoro me ad crudelissimum hostem et
ad supplicia dura profecturum esse, sed Carthaginiensibus fidem ac constantiam
priscam viri vere Romani ostendam.“

Sein Rat setzte sich durch. Regulus kehrte nach Karthago zurück. Er hatte sein Wort gehalten
und auch die Punier machten ihr Versprechen wahr.

Ü a) *Übersetze:* 1. Visne praeclarum facinus facere? 2. Quid me interrogas? 3. Hoc tibi
assentiri non possum. 4. Id saepe te monui. 5. Apud multos homines luxuria plus valet
quam temperantia. 6. Quis vitam iucundam vivere non mavult quam malam servitutem
servire? 7. Bona exempla multum prosunt. 8. Consilium prudens multum potest, bona
exempla plus prosunt, auxilium celere plurimum valet.

b) *Setze zu den Komposita von* ire (praeterire – adire – inire – subire – obire) *die jeweils*
passenden Objekte und übersetze dann:
consilium – periculum – labores – oraculum – senatum – magistratum – urbem –
mortem – regionem – poenam – porticum – amicos

42

Karthago in der Antike (Rekonstruktion)

c) *Setze die Objekte in den richtigen Kasus und übersetze dann:*
   1. Consul senator_ sententi_ rogabat. 2. Philosophi adulescent_ art_ docebant.
   3. Quidam philosophi praemi_ discipul_ non poscebant, sed sapienti_ gratis eos docebant. 4. Omnes pac_ poscunt eos, qui rem publicam administrant.

d) *Wiederhole das Lesestück und ergänze die passenden Objekte:*
   1. Regulus ... in Africam traiecit. 2. Metus ... non invasit. 3. Regulus ... populi Romani adiit. 4. Regulus ... de mandatis docuit.

e) *Bestimme die folgenden Formen und achte dabei genau auf die Unterschiede. Jeweils eine Form ist nicht von* velle, nolle, malle *gebildet.*
   1. velim – volam – volat – volent – vis – volunt – voluisset – vellent – volens
   2. nolo – nolles – nolens – noli – nulli – noluerunt – nolint – noles
   3. mavis – maluerat – malo – malum – malim – mallem – malam.

f) *Zur Abbildung: Beschreibe die Lage der Handelsstadt Karthago. Vergleiche dazu auch die Karte im Buch. Welchen Stadtteil kannst du in der Rekonstruktionszeichnung erkennen? Weshalb ist er für die Handelsmacht Karthago lebenswichtig?*

S Der Begriff *fides* spielt im Leben der Römer eine wichtige Rolle. Schon sehr früh wurde der Göttin Fides auf dem Kapitol ein Tempel errichtet. An seinen Wänden waren völkerrechtliche Verträge und Militärdiplome angebracht. Im privaten Bereich, besonders bei Gerichtsverhandlungen, wurde bei der „Göttin des Eides" geschworen. Die Römer glaubten, zu ihr ein besonderes Verhältnis zu haben, und unterstellten gerade die Außenpolitik den Forderungen der *fides*. Im Kampf gegen Karthago betonten die Römer stets, sie stünden auf der „guten Seite", sie handelten nach den Werten der *fides*. Die Punier bezeichneten sie als *perfidi*. Dem größten Feldherrn der Karthager, Hannibal, schreibt der römische Autor Livius folgende Charaktereigenschaft zu: *perfidia plus quam Punica*.

16 Akkusativ des Objekts und des Prädikatsnomens (Wh.)
Akkusativ der Ausdehnung und der Richtung (Wh.)

E 1. Rōmānī **Hannibalem hostem iūdicābant**.
2. Hannibal sē **imperātōrem** prūdentem **praestitit**.
3. Odiumne in Rōmānōs **Hannibalem caecum reddidit**?
4. **Multōs annōs** Hannibal in Italiā pūgnāvit.
5. Postrēmō iussū senātōrum trīstis **Carthāginem** rediit.

Hannibal
(Neapel, Nationalmuseum)

L *Siegen allein genügt nicht*

Hannibal hat bei Cannae die römischen Truppen vernichtend geschlagen. Da erhält der Centurio T. Spurius den Auftrag, die Stimmung im Lager Hannibals und dessen weitere Pläne auszukundschaften. Folgender Geheimbericht erreicht wenige Tage später das Hauptquartier in Rom, wo man sich schon auf einen Angriff Hannibals vorbereitet:

T. Spurius centurio populi Romani praefectum suum de ratione belli Carthaginiensium certiorem facit. Hae litterae ac notae secretae sint:

Romanis fusis ac fugatis milites Hannibalem optimum ac prudentissimum ducem appellant. In cottidiana contione se talem imperatorem praebuit, qualem
5 numquam in hoc bello vidi; nam nullo labore aut corpus aut animus eius vinci potest. Triginta annos natus totam fere Italiam vectigalem fecit, nunc omnes civitates ad eum veniunt, ut victori gratulentur. Suadent, ut ilico Capuam petat et inde Romam proficisci properet.

Sed laetitia permotus sibi ac militibus fessis quietem dare vult. Hunc sermonem
10 inter imperatorem et Maharbalem, praefectum equitum, excepi secreto: In eo Maharbal exposuit Hannibalem Alpes nive opertas magno cum exercitu superavisse, acerrimas pugnas praeclare pugnavisse, nunc maximam auctoritatem in Italia habere. Proinde eum hortabatur, ut Romam contenderet. At Hannibal consilio eius non assentiebatur. Tum Maharbal: „Di nimirum non omnia eidem
15 dederunt. Vincere scis, Hannibal, victoria uti nescis."

Hac mora, ut ego opinor, Hannibal urbem atque imperium Romanum servabit.

T. Spurius sollte Recht behalten. Der Widerstand in Rom konnte sich formieren und den Römern gelang es später sogar, den Krieg nach Afrika hinüberzutragen. Hannibal wurde schließlich zur Verteidigung seiner Heimat zurückberufen.

Ü a) *Beantworte lateinisch die folgenden Fragen zu L:* 1. Quid hostes Romanorum ab Hannibale postulant? 2. Quid Maharbal Hannibali obicit? 3. Quomodo Hannibal imperium Romanum servavit?

b) *Übersetze:* 1. Romani P. Cornelium Scipionem consulem creaverunt. 2. Romani Q. Fabium Maximum dictatorem dixerunt. 3. Romani senatores patres appellabant. 4. Ut Romani viros optimos consules, ita Carthaginienses reges creabant. 5. Gentes vicinae Romanos de consiliis Hannibalis certiores fecerunt.

c) *Wandle die Sätze aus Üb) ins Passiv um.*

d) *Auf den Spuren antiker Philosophen. Übersetze die folgenden Sätze und erkläre sie:*
1. Alii sapientes aquam initium mundi ducunt, alii ignem. 2. Alii amicitiam summum bonum putant, alii dolorem summum malum appellant. 3. Alii se incolas et cives Europae, immo vero totius mundi esse arbitrantur, alii domum iudicant parvam rem publicam. 4. Alii divitias bonum inane, alii virtutem summum bonum dicunt.

e) *Aus zwei mach eins! Bilde aus den folgenden Nominalstämmen und Suffixen Substantive und übersetze diese:*
Stämme: monu- / auxil- / merca- / avar- / diligent- / cari- / magni- / admira- / discri-
Suffixe: -tio / -tudo / -men / -mentum / -tas / -ia / -tor / -ium / -itia
Nenne zu jedem Suffix ein weiteres Substantiv.

f) *Ergänze die fehlenden Ausgänge und übersetze:*
1. Hannibal cum patr__ in Hispani__ profectus est. 2. Cuius post mortem Hannibal quinque et viginti ann__ natus imperator factus est. 3. Omnibus gentibus Hispaniae intra pauc__ ann__ subactis unum exercitum in Afric__ misit, alterum cum fratr__ in Hispani__ reliquit, tertium in Itali__ secum duxit. 4. Postquam ad Alpes venit, copias infinitis laboribus montes traduxit et Rom__ progressus est.

g) *Zur Abbildung: Wie stellt der Künstler den Gegner der Römer dar? Welchen Eindruck macht Hannibal auf dich? Vergleiche damit die Darstellung Scipios in 18 L.*

Z Klugheit contra Tapferkeit
Si verum est id, quod nemo dubitat, ut populus Romanus omnes gentes virtute superaverit, negari non potest Hannibalem tanto[1] praestitisse ceteris imperatoribus prudentia, quanto[1] populus Romanus praestet[2] fortitudine cunctis nationibus. Nam Hannibal semper discedebat victor, cum contra eum contenderat in Italia. Ergo populus Romanus fortissimus ducitur, Hannibal autem prudentissimus imperator habetur. Ergo prudentia superior iudicatur quam fortitudo.

S Hannibal lebte schon als Zwölfjähriger bei seinem Vater Hamilkar im Heer. Griechisch, die damalige Weltsprache, und auch die Sprachen seiner Soldaten, die aus vielen Völkern kamen, beherrschte er fließend. Im Gespräch gewann er dadurch viele Menschen für sich. Stets leistete er selbst das, was er von seinen Truppen verlangte.
Der Furcht der Römer vor Hannibal stand die Liebe der karthagischen Soldaten zu ihrem Feldherrn gegenüber. Wegen seiner Bescheidenheit und Umgänglichkeit war er bei allen sehr beliebt.

---

[1] *tantō ... quantō* um so viel ... um wie viel   [2] Übersetze mit Indikativ!

17 Dativ als Objekt

E 1. Hannibal **exercituī** Carthāginiēnsium praefuit.
2. Mīlitēs huic **imperātōrī** fidem habuērunt.
3. Superbia Rōmānōrum **eī** invīsa erat.
4. Fortūna bellī prīmō **Carthāginiēnsibus** fāvit.
5. Multae gentēs **eīs** affuērunt.

L **Krieg oder Frieden?**

Der Centurio T. Spurius ist in der Zwischenzeit einer der Dienstältesten, ein *prīmīpīlus*, im römischen Heer. Er wird Zeuge der berühmten Unterredung zwischen Hannibal und Scipio im heutigen Tunesien, in der ein letzter Versuch zur Verständigung unternommen wurde. Einem Geschichtsschreiber in Rom liefert er folgenden Augenzeugenbericht:

Congressi sunt in colloquio maximi suae aetatis duces, qui auctoritate regibus paene pares erant. Admiratione mutua commoti diu tacuerunt. Tum Hannibal prior: „Utinam caelestes eam mentem patribus nostris dedissent, ut vos imperio Italiae, nos Africae contenti essemus. Tot exercitibus amissis, tot incommodis
5 acceptis hoc tempore dei vobis favent, nobis invident. At nunc vos iudicetis! Ne consiliis meis repugnaveritis! Pax certa omnibus melior tutiorque est quam vana spes victoriae. Itaque ego pacem peto. Quam numquam peterem, nisi crederem tranquillitatem rei publicae cunctis – et Carthaginiensibus et Romanis – utilem esse.“
10 Scipio imperatori Poenorum haec fere respondit: „Me non fallit, Hannibal, te civibus tuis iam afflictis succurrisse. Non Romani bellum commiserunt, sed vos populo Romano vehementer institistis, omnibus civitatibus terrorem nefarium iniecistis. Nunc di secundum ius fasque exitum huius belli dabunt. Mihi persuasum est omnia, quae agimus, mille casibus subiecta esse. Sed caelestes
15 victoriam his tribuent, qui honestatem fraudi anteponunt. Proinde, quoniam pacem pati non potuistis, bellum parate!“

Die beiden Feldherrn gingen zu ihrem Heer zurück und berichteten über die erfolglose Unterredung. Man müsse, so sagten sie, nun zu den Waffen greifen und sich dem Schicksal fügen, das die Götter geben. Aufgrund seiner Taktik gelang es Scipio, den Gegner zu besiegen. Hannibal musste aus seiner Heimat fliehen. Ständig verfolgt von römischen „Geheimpolizisten" beging er schließlich im Jahr 183 v. Chr. Selbstmord – im gleichen Jahr, in dem auch Scipio starb.

Ü a) *Beantworte lateinisch die folgenden Fragen zu L:* 1. Cur primo Hannibal et Scipio in colloquio diu tacent? 2. Quid Hannibal optat? 3. Cur Hannibal pacem anteponit spei victoriae? 4. Quid Scipio Carthaginiensibus crimini dat? 5. Cur Scipioni persuasum est Romanos victoriam adepturos esse?

b) *Welche der folgenden Verben haben einen Dativ, welche einen Akkusativ bei sich?*
parcere – studere – adiuvare – persuadere – docere – petere – invidere – resistere – invenire – sequi – fugere – favere. *Ergänze sie durch passende Objekte.*

c) *Setze die Verben ins Perfekt und die eingeklammerten Objekte in den richtigen Kasus; übersetze dann:*

1. Fabius Cunctator imperator (multi aequales) virtute longe praestat. 2. Is (salus communis) semper servire vult. 3. Eloquentiā (amici) semper prodest, (inimici) saepe nocet. 4. Fabius (Romani) de periculis docet. 5. (Ceteri) vi ingenii praestat. 6. Itaque multi (is) invident. 7. Fabius (cives) saepe persuadet. 8. Vires (is) non desunt. 9. Fabius (multae pugnae) interest. 10. Se (vir severus) praestat.

d) *Hilfe! Adeste, discipuli! Jetzt helfen wir den Freunden. Setze* amici *in den jeweils richtigen Kasus:* (Amici) . . . semper adsimus! – . . . auxilio veniamus! – . . . succurrite! – . . . adiuvamus. – . . . subveniemus.

e) *Erstelle ein Wortfeld zum Bereich „helfen, schaden, sich widersetzen".*

f) *Was macht ein* Adjutant? *Was sind staatliche* Subventionen? *Wer trägt eine feuerresistente Kleidung? Was bedeutet es, wenn ein Italiener in Not „Aiuto!" ruft? Welche lateinischen Verben liegen zugrunde?*

g) *Erkläre anhand von geeigneten Situationen den Inhalt der folgenden Sentenzen:*
Voluptas rationi inimica. – Amicis ita prodesto, ut non tibi noceas! – Vis legibus inimica.

h) *Zur Abbildung: Woran erkennst du die Truppen Hannibals? Was fällt dir an der Kleidung des Feldherrn auf?*

i) *Übersetze mit einem Dativ des Besitzers:* 1. (Die Patrizier) multi servi erant. 2. (Viele Sklaven) res necessariae non erant. 3. Etiam (viele Plebejer) pecunia non erat.

Z Hannibal lässt sich nicht unterkriegen

Hannibal in Italiam iter faciens tam gravi morbo affectus est oculorum, ut postea numquam dextro oculo bene uteretur. Quamquam ea valetudine premebatur, ceteris proeliis interfuit et C. Flaminium consulem ad lacum Trasumenum occidit. Hac acerrima pugna pugnata Hannibal Romam profectus est nullo resistente. Cum paucos dies in propinquis urbi iugis moratus esset et Capuam rediturus esset, Q. Fabius Maximus, dictator Romanus, copiis Carthaginiensibus restitit. Noctu autem Hannibal exercitui Romano maximum terrorem iniecit, equitatum dolo fugavit, multos milites in insidias inductos interfecit.

Hannibal vor der Unterredung mit Scipio (Detail eines Wandteppichs im Regierungsgebäude zu Rom)

18 Dativ des Vorteils (datīvus commodī)
Dativ des Zweckes (datīvus fīnālis) (Wh.)

Scipio Africanus Maior
(Neapel, Nationalmuseum)

E 1. Scīpiō: „Pācem nōn **mihi**, sed **populō** nostrō poposcī.
2. **Vōbīs** cōnsulō. Vestrae **salūtī** prōvideō.
3. Vestra salūs **mihi cūrae** est.
4. Hannibal propter crūdēlitātem **Rōmānīs odiō** erit."

L **Angeklagt: ein Sieger**

Der Centurio T. Spurius ist nach langjähriger Dienstzeit mit reichen Belohnungen entlassen worden und will vor der Abreise auf das Landgut noch einmal „seinen" Feldherrn Scipio sehen. Die Zeiten aber haben sich auch für den erfolgreichen Feldherrn geändert. Aufgeregt kommt ein Freund ins Gasthaus und erzählt:

„Scipionem nostrum, cui Carthaginiensibus victis cognomen ‚Africanus' datum est, tribuni plebis accusaverunt. Dicunt Scipionem aerarium fraudavisse[1], argento publico sibi tantum ac suis providisse! Hoc probrum ille ita indignatus est, ut vix irae temperaret. Semper enim saluti militum consulebat, nuper aerarium auro
5 Punico complevit, totam Africam in dicionem populi Romani redegit, sed nihil nisi cognomen ex his rebus gestis reportavit. Invisus est istis, quia omnibus est carus. Itaque inimici iterum atque iterum memorant neminem civium ita excellere ceteris, ut in ius vocari non possit."

Zurückgekehrt zu seiner Familie berichtet T. Spurius von den weiteren Vorgängen in Rom:

„Scipio iuris prudentes non consuluit. Cum dies quaestioni constitutus adesset, a
10 frequentissima turba clientium in forum deductus est. Ibi per mediam contionem ad rostra adiit. Silentio facto ‚Hoc', inquit, ‚die bene ac feliciter cum Hannibale pugnavi. Quae res mihi honori et populo Romano saluti fuit. Dis gratiam agamus, qui nobis subsidio venerunt! Me sequimini, si salus publica vobis curae est! Mecum in Capitolium ite! Dis immolemus!' A rostris in Capitolium ascendit,
15 omne vulgus secutum est Scipionem, ut postremo etiam scribae[2] tribunos relinquerent."

Allen weiteren Aufforderungen, zu den Vorwürfen Stellung zu nehmen, entzog sich der Feldherr durch die freiwillige Verbannung in die Landstadt Liternum bei Neapel. Verbittert durch die Missgunst seiner Mitbürger starb er dort, ohne je nach Rom zurückgekehrt zu sein.

---

[1] *fraudāre* ausplündern [2] *scrība, -ae* m. Schreiber

Ü a) *Beantworte lateinisch:* 1. Quid tribuni plebis Scipioni crimini dant? 2. Quae virtutes Scipioni honori sunt? 3. Quid[1] Scipio contionem admonet? 4. Quomodo oratione audita contio se gerit?
Wie hättest du an Scipios Stelle reagiert?

b) *Ersetze die Verben in der gleichen Form durch die in Klammern angegebenen Verben. Welche weiteren Veränderungen ergeben sich dadurch? Übersetze dann:*
1. Nostra consilia amicis semper prosint (usui esse)! 2. Ne viri sapientes rei publicae umquam obsint (detrimento esse)! 3. Tua valetudo me sollicitavit (curae esse). 4. Parentes et amicos maxime diligo (cordi esse). 5. Nequiquam te propter luxuriam tuam reprehendi (crimini dare).

c) *Cui bono? Wem zum Vorteil? Suche in den folgenden Sätzen den Dativ des Vorteils und übersetze:*
1. Quae didicisti, tibi didicisti, operam non perdidisti. 2. Non scholae, sed vitae discimus. 3. Alteri vivere debes, si vis tibi vivere. 4. Tui mores tibi commodo sint! 5. Qui parti civium consulunt, partem neglegunt, discordiam in civitatem inducunt.

d) *Wichtige Verhaltensregeln – nicht nur für Konsuln! Übersetze:*
1. Consules rei publicae praesunt. Auctoritate et dignitate officia praestent! Praestat pro commodis rei publicae certare quam saluti communi resistere.
2. Consules rem publicam iustitia atque diligentia temperent! Semper ab iniuria temperare debent, etiamsi irae interdum temperare non possunt.
3. Consules consulere pauperibus semper decet. Consules enim omnibus civibus consulant! Numquam in cives iniuste consulunto!
4. Consules omnibus civibus provideant! Magna cum prudentia pericula provideant!

e) *Bilde je einen deutschen Satz mit den folgenden Wörtern und erkläre das Fremdwort:*
Provision, provisorisch, improvisieren, Kur, kurieren, Konsulat

Z Der Freundeskreis des Scipio diskutiert: Warum ist Freundschaft wichtig?
Homo non sibi soli natus est. Nos nati sumus, ut inter omnes sit amicitia quaedam. Est enim amicitia nihil aliud nisi consensus omnium rerum. Alii amicitiae anteponunt divitias, alii bonam valetudinem, alii potentiam, alii honores, multi etiam voluptates. Cui tales res usui sunt? Divitiae, ut utamur; valetudo, ut dolore careamus; potentia, ut colamur; honores, ut laudemur; voluptates, ut delectemur. Amicitia autem res plurimas continet. Quo intueris, amicitia adest; nullo loco amicitia ex-cluditur, numquam molesta est.

S Publius Cornelius Scipio Africanus (235–183 v. Chr.) gehört zu den bekanntesten Männern der Antike. Als erster Römer erhielt er als Auszeichnung den Namensbestand-teil des von ihm unterworfenen Landes. Auch sein Adoptivsohn P. Cornelius Africanus Minor (der Jüngere) wurde berühmt, besonders als Förderer griechischer Kunst und Wissenschaft. Sein Freundeskreis, zu dem Philosophen, Historiker und Dichter gehör-ten, wird auch „Scipionenkreis" genannt. An der Via Appia in Rom kann man das in den Felsen gehauene Familiengrab der Scipionen noch heute besichtigen.

---

[1] *Quid?* hier: Woran?

19

Pronominaladjektive: tōtus, alter (Wh.) – uter, neuter, ūllus, nūllus
Indefinitpronomen: uterque

E 1. Et Alexandrum et Hannibalem, imperātōrēs fortēs, nōvimus.
2. Cōnstat **alterum** in Asiā, **alterum** in Eurōpā crēbra proelia commīsisse.
3. Hominēs **tōtīus** orbis terrārum eōs admīrābantur.
4. **Uter** tibi maiōrī admīrātiōnī est? **Utrum** magis admīrāris?
5. Quid **utrīque** crīminī dās?
6. **Neutrī** sors bonum exitum dedit.

L **Cornelia fürchtet für ihre Kinder**

In den Jahren nach dem Zweiten Punischen Krieg bekämpfen sich Patrizier und Plebeier immer
heftiger. Zu Fürsprechern der verarmten Volksmasse haben sich die Brüder C. und Ti. Gracchus
gemacht. Beide bezahlen ihr Eintreten für Reformen der römischen Gesellschaft mit ihrem Leben.
Hatte nicht ihre Mutter den einen der beiden in einem Brief vor den Gefahren gewarnt?

In epistula tua scribis pulchrum esse inimicos sine ulla mora ulcisci. Sed non omnes
peribunt, etiamsi multi e medio tollentur. Odio autem tuo tota res publica
perturbabitur, societas cunctorum civium pravo consilio unius dirimetur. Quia
haec certe non vis, ab incepto desiste! Ne repugnaveris consiliis matris! Sine
5 clementia neque concordiam neque ullam rem, quam exsequi vis, consequi potes.
Itaque inimici tui, sive senatores, sive equites, potius eo modo vivant, quo nunc
vivunt, quam ut tota civitas aliquo periculo pereat.

Nemo mihi tantam iniuriam fecit, quantam tu fraterque tuus. Alter plebem
adversus patres incitat, alter orationibus vehementissime in equites furit. Uterque
10 id studet, ut plebeis fundi a nobilibus rapti reddantur. Uter vestrum tandem
desinit furere? Utrum commovet calamitas et rei publicae et matris, cui parva pars
vitae superest? Neuter vestrum vel moribus maiorum vel pietate erga parentes
obligatur, neutri salus matris curae est. Ergo a neutro civitas emendari potest.

Cornelia fährt fort: Doch wenn es gar nicht anders geht, so bewirb dich erst dann ums Tribunat,
wenn ich tot bin. Tu, was du willst, wenn ich es nur nicht mehr spüren muss. Wenn ich tot bin, wirst
du mir Totenopfer darbringen. Schämst du dich nicht, den Segen der Götter für deine Mutter zu
erflehen, wenn sie tot ist? Als sie noch lebte, hast du dich zu wenig um sie gekümmert! Möge Jupiter
nicht zulassen, dass du bei deiner Haltung bleibst! Doch wenn du deine Einstellung nicht änderst, so
fürchte ich, wirst du für das ganze Leben so viel Unglück erleiden, dass du keinen Augenblick mehr
an dir selber Gefallen findest.

Ü a) *Dekliniere im Singular:* neque ulla condicio – uter imperator – neuter consul – utraque
virtus – totum oppidum – nulla res – altera occasio

b) *Bilde zu den folgenden Nominativen den Genitiv, Akkusativ und Ablativ Singular:*
hic coetus – istud discrimen – quaedam res – utra pars – aliquod foedus – idem tempus –
neutra aetas – meum ius – is error – alterum commodum – ista necessitas

50

c) *Versuche aus L herauszufinden, welches Verhalten Cornelia ihren Söhnen vorwirft. Schreibe die Sätze in dein Heft. Formuliere dann die Vorwürfe der Mutter als AcI nach folgenden Wendungen:* Mater dolet / queritur / sentit / cognoscit ...

d) *Als Gaius Gracchus mit Gewalt gegen die Pläne der Patrizier vorgehen wollte, flehte ihn seine Mutter an:*
NEILLEIUPPITERSINATTIBITANTUMFUROREMVENIREINANIMUM.
VEREORNEINOMNEMVITAMTANTUMLABORISCULPATUARECIPIASUT
INNULLOTEMPORETUTIBIPLACEREPOSSIS.
Schreibe diese beiden Sätze, die im 2. Jh. v. Chr. etwa so aussahen, mit den passenden Worttrennungen und übersetze sie.

e) *Unterscheide:* 1. Utra epistula te delectavit? Utramque epistulam summa cum voluptate legi. 2. Arbores in utraque ripa fluminis crescunt. 3. Quidam homines iniurias iniuriis ulti sunt. 4. Exercitus ultra fines imperii progressi sunt. 5. Orator verbis prudentibus utitur. 6. Auxilium ultro polliceamur! 7. Uterque imperator indutias facturus est.

f) *Zur Abbildung: Beschreibe die Kleidung und die Haartracht der Frau auf diesem Wandgemälde aus einer Villa in Pompeji (Villa dei Misteri). Vergleiche damit die Darstellung der Frauen auf S. 36/37.*

Z Vergebliche Bemühungen
Illi duo fratres Gracchi, Tiberius et Gaius, praeclari erant. Utrius facta magis admiramur? Uterque studuit, ut eloquentia plebi succurreret. Neuter alteri eloquentia praestabat. Utriusque ingenium par erat. Scimus utrumque officia publica maxima virtute praestitisse. Ab utroque nobilibus timor iniectus est. Sed neutri contigit, ut felicem exitum haberet. Alterum cives ira commoti occiderunt, alter se ipsum interfecit.

S Aus der römischen Republik sind nur wenige Namen von Frauen überliefert. Diese vermieden Aufsehen und „regierten" lieber ihre Männer. So griffen sie auch indirekt in die Politik ein und hatten viel Einfluss. Eine, deren Name und Werdegang genau bekannt sind, ist Cornelia, die Mutter der Gracchen.
Sie war die Tochter des Scipio Africanus Maior und erzog nach dem frühen Tod ihres Mannes ihre drei Kinder Tiberius, Gaius und Sempronia. Ihr Ziel war es, ihnen eine umfassende Bildung zu geben. Obwohl sogar Könige um sie warben, lehnte sie es ab, sich erneut zu verheiraten. Sie wollte ganz für ihre Kinder da sein. Ihre Briefe an die Söhne gehören zu den wenigen Schriften, die uns von Frauen der Antike erhalten sind.

20 **Indefinitpronomina:** (ali-)quis (Wh.), quisquam, quīdam (Wh.),
(ūnus-)quisque, quīvīs, quīlibet

E 1. Ipse sē **quisque** dīligit.
2. **Ūnusquisque** alterīus auxiliō eget.
3. Adiuvābō eum / **ūnumquemque** hominem, quī mē adiūvit.
4. **Quōsdam** hominēs adiuvāmus, sed nōn **quemvīs**.
5. **Quibusdam** amīcīs favēmus, sed nōn **cuīlibet**.
6. Sī **quis** mē adiūverit, eum adiuvābō.
7. Iūstitia numquam nocet **cuīquam**.

L **Tiberius und Gaius Gracchus: Reformer oder Revolutionäre?**

Das Wirken der Brüder Ti. und C. Gracchus hatte bei allen Römern das Gefühl verstärkt, in einer
Zeit der Veränderungen und Umwälzungen zu leben. Ein Historiker schreibt über die Zeit der
Gracchen folgendes:

Carthagine deleta divitiae ac opes penes nobiles erant, populus stipendiis
inopiaque premebatur. Si qui agricola vitam in paupertate degebat et potentiori
divitiorique vicinus erat, haud raro ab illo e praedio expellebatur. Itaque, cum
quorundam avaritia sine ullo modo in rem publicam invasisset, omnia et privata et
5 publica miscebantur, neque quisquam virtutem cupiditati anteponebat. Prorsus
sibi quisque consuluit. Tum Ti. et C. Gracchus plebem in libertatem vindicare
voluerunt. Reperta est haec oratio Tiberii apud populum habita:

„In quolibet itinere, quod per Italiam facies, nihil nisi haec invenies: cives
Romanos velut servos praedia colentes, nobiles luxuriose viventes.
10 Quo usque tandem hanc iniuriam tolerabitis? Quaevis bestia speluncam suam
habet, cuivis beluae sedes sua nota est. At neque vobis ullum domicilium est,
neque laribus vestris ullus locus. Vix quisquam vobis providet. Imperatores
mentiuntur, si ante proelium haec pronuntiant: ‚Unusquisque vestrum pro ara
patris, pro patria confliget.‘ Profecto pro luxu ac libidine aliorum confligitis.
15 Domini orbis terrarum appellamini, sed nulla terra vobis propria est.“

Der Geschichtsschreiber meint weiter: Durch solche Reden gewann Tiberius Gracchus das Volk für
sich und seine Sache. Schließlich wurde den Adligen die Gefahr durch die Besitzlosen zu groß und
sie trieben deren Anführer Tiberius und Gaius Gracchus in den Tod. So gewannen sie zwar ihre
Macht zurück, verbreiteten aber auch dauernde Angst unter den Mitbürgern.

Ü a) 1. *Bestimme in L das jeweilige Subjekt zu:* premebatur (Z. 2) – anteponebat (Z. 5) –
providet (Z. 12). 2. *Bestimme die folgenden Formen nach Genus, Numerus und Kasus:*
deleta (Z. 1) – potentiori (Z. 2) – quorundam (Z. 4) – cupiditati (Z. 5) – haec (Z. 8) –
praedia (Z. 9) – ara (Z. 13) – domini (Z. 15)

b) *Dekliniere im Singular:* artifex quidam – quaevis sententia – aliqui amicus – quaeque
fraus – quilibet color – si quod animal

52

c) *Übersetze:* 1. Non quilibet nostra amicitia dignus est. 2. Iustitia suum cuique tribuit. 3. Non cuivis contigit magistratum inire et in magistratu manere. 4. Sibi quisque proximus est. 5. Quivis homo potest serere quemvis rumorem turpem de quolibet. 6. Cuivis dolori remedium est patientia. 7. Id est cuiusque proprium, quo quisque fruitur atque utitur. 8. Vix quisquam homo veritatem semper dicit.

d) *Bilde alle Partizipien zu:*
facere – gerere – agere – audire – colere – adhibere – capere – oblivisci – invenire

e) *Bilde mit den vorgegebenen Präfixen und dem Verb* agere *die dir bereits bekannten Komposita; bringe sie in die 3. Person Singular Futur I und übersetze (Beispiel:* habere: ad-... dolum: ad-hibebit dolum *er wird eine List anwenden):*
ex-... opus; red-... in potestatem; sub-... hostes; co-... copias; de-... vitam.
Bei welchen Komposita liegt eine Vokalabschwächung oder eine Kontraktion vor?

f) *Du hast in den Lektionen 1–19 viele verschiedene Länder und Gegenden kennen gelernt. Erstelle nun ein Sachfeld zum Bereich „Reise" und allem, was dazugehört, z. B. aufbrechen, Rückkehr, Weg, Gegend.*

g) *„Stadt – Land – Fluß" auf lateinisch!*

	oppidum	terra, regio	negotium	animal	virtus	vir praeclarus
A	Athenae	Aegyptus	artifex	avis	aequitas	Alexander

Suche auch im Spiel Lösungen für die Buchstaben C-S-P-T. Die Landkarten und das Eigennamenverzeichnis können dir behilflich sein.

h) *Zur Abbildung (München, Glyptothek): Mit welchen Habseligkeiten kommt der Bauer in die Stadt? Welche Kleidung trägt er? Wie hat der Künstler die Stadt angedeutet?*

S Zur Lebenszeit der Gracchen (um 130 v. Chr.) war die soziale Frage das brennendste Problem römischer Politiker. Afrika, Griechenland, Kleinasien waren römische Provinzen geworden. Viel Geld floss nach Italien, dort aber herrschte bittere Armut bei den Bauern. Die meisten hatten nämlich durch Schulden ihren Besitz an wenige Großgrundbesitzer verloren. Diese ließen ihre riesigen Ländereien (Latifundien) von billigen Sklaven bearbeiten, so dass der Preis für alle Produkte noch stärker fiel. Die Bauern wurden immer ärmer, die Besitzlosen zogen nach Rom.

21 Gerundium

E 1. Marium rem pūblicam **administrāre** iuvābat.
2. Multī cupidī erant rem pūblicam **administrandī**.
3. Ūnusquisque nātus est **ad discendum** et **ad agendum**.
4. Nōn omnēs ōrātōrēs nātī sunt **ad** bene **dīcendum**.
5. Marius cōnsilium iniit patriam **dēfendendī**.
6. Marius plēbēīs fāvit nōbilēs **accūsandō**.

L **Wer rettet Rom? – Die Germanen rücken an**

Zwar gab es keine Zeitung im alten Rom, im Jahr 101 v. Chr. hätte man aber in der Ausgabe eines Blattes, das den Popularen nahe stand, folgenden Artikel lesen können:

MARIUS NOSTER FINEM METUENDI FECIT

**Mario duce nostrae legiones acriter dimicando Germanos subegerunt.
Bellum tandem confectum est. Triumphus decretus est consuli praeclaro nostro.**

Romae. Cimbri et Teutones, qui ab extremis pagis Germaniae exierant, cupidine
5 rapiendi gentes nostras non iam vexabunt. Postquam vici ac domus eorum fluctibus Oceani inundati sunt, iter per Galliam et Hispaniam fecerunt ac omnibus nationibus ingentem terrorem iniecerunt. Etiam senatores nostri trepidabant, nam quattuor exercitus ad defendendum missi impetum barbarorum male sustinuerunt. Tum demum Marius iterum consul delectus est.

10 Marius noster, quasi natus ad agendum, barbaris occasionem Italiam nostram populandi non dedit, sed sub radicibus Alpium ad Aquas Sextias, municipium ignotum Galliae Transalpinae, Teutones uno proelio devicit.
Tum aggressus est Cimbros, qui iam in nostras regiones irruperant; illi cupidissimi erant Romam nostram quam celerrime expugnandi. Marius autem, cum Cimbros
15 ad Vercellas e castris protinus egressos vidisset, aciem instruxit, barbaros occidit, nos timore Germanorum liberavit.

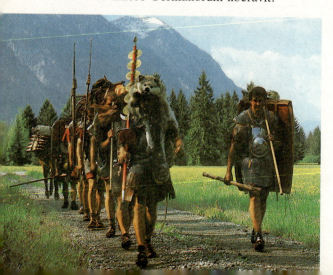

Comperimus senatum Mario, homini de plebe, propter merita de re publica triumphum magnificum decrevisse. Sollemni modo ex-cipiamus imperatorem, qui magna moliendo civitatem servavit! Victoria exsultemus!

Legionäre auf dem Marsch.
Archäologisches Experiment (1985)

Ü a) *Bilde die Formen des Gerundiums im Genitiv und im Akkusativ (mit ad):*
disputare – suadere – sentire – dicere – legere – agere – facere

b) *Übersetze und bestimme jeweils den Kasus des Gerundiums:* 1. Ars bene dicendi multum valet. 2. Nunc occasio est exsultandi. 3. Occasionem magistratum petendi praetermisit. 4. Consilium foedus renovandi ceperunt. 5. Nonne cupidi estis mores priscos Romanorum cognoscendi? 6. Semper discendo operam date! 7. Pauci nati sunt ad regendum. 8. Memoriam discendo exercemus.

c) *Marius und Sulla: Gemeinsamkeiten und Unterschiede*
Setze die passende Form des Gerundiums ein und übersetze: 1. Et Marius et Sulla consilium inierunt rem publicam (administrare). 2. Nullam occasionem alterum (accusare) praetermiserunt. 3. Uterque acer erat in (excitare). 4. Alter studiosus erat iura plebeiorum (defendere), alter cupidus erat opes nobilium (augere). 5. Utriusque ars (dicere) summa erat. 6. Uter ad (regere) natus erat?

d) *Auch im Italienischen gibt es Gerundformen:* crescendo – vendendo – lavorando – correndo – amando – imitando – facendo – ponendo – leggendo – finendo.
Welche Formen sind im Lateinischen und Italienischen identisch? Bilde bei den nicht gleichlautenden Formen das lateinische Gerundium.

e) *Achtung: Kuckuckseier! In jeder Zeile findest du nur eine Gerundform:*
1. comprehendo – iucundo – aliquando – secundo – sequendo
2. vehementi – educandi – defendi – contenti – suadenti
3. admodum – ad portandum – interdum – frigidum – nondum – ad portum – candidum

f) *Der Name der römischen Zeitung lebt heute noch fort: Aus den* acta diurna *(tägliche Geschehnisse) wurden im Laufe der Jahrhunderte über ein neu gebildetes Adjektiv* diurnalis *(tagtäglich) das italienische Wort* giornale *und das französische* journal. *Folgende Tageszeitungen und Zeitschriften kann man in Europa kaufen:*
In Italien: La Repubblica, Abitare, Domus – *In Frankreich:* Le Monde, L'Observateur, Libération, Humanité, Le Quotidien – *In Spanien:* El Observador, El Mundo – *In England:* Daily Express, Observer. *Welche lateinischen Wörter entdeckst du?*

g) *Zur Abbildung (Legionäre auf dem Marsch): Weshalb nannte man die römische Soldaten* muli Mariani, *die Maultiere des Marius? Beschreibe ihre Ausrüstung.*

Z Marius über sich selbst
A pueritia ita educatus sum, ut omnes labores et pericula adeam. A natura mihi consuetudo bene agendi insita est. Comparate me, hominem novum, Quirites, cum superbia illorum nobilium. Quae illi audiunt aut legunt, ego gessi. Quae illi litteris, ego militando[1] didici. Nunc existimate: Facta an dicta[2] plus valent? Hodie omnis spes rei publicae in me sita est; quam non solum virtute, sed etiam constantia tutari debeo. Nobilitas occasionem me opprimendi quaerit, sed cives iusti et boni mihi magnopere favent, quia mea facta rei publicae prosunt. Nullam occasionem civibus consulendi praetermitto.

---

[1] *mīlitāre* Kriegsdienst leisten [2] *dictum* Wort

22 ferre und Komposita

E 1. Interdum difficile est onus grave **ferre**.
2. Labōrēs fortiter **ferāmus**!
3. Ea, quae sors **fert**, fortiter **ferēmus**.
4. Quod **differtur**, nōn **aufertur**.
5. Tempus ipsum saepe **attulit** cōnsilium.
6. **Fer** patienter onus, fac sapienter opus!

Münze aus dem Jahr 82 v. Chr.

L **Tritt ein Diktator freiwillig zurück?**

Marius und Sulla haben in einem blutigen Bürgerkrieg den römischen Staat fast an den Rand des Untergangs gebracht. Auf unbestimmte Zeit ist Sulla zum Diktator gewählt worden und herrscht mit absoluter Macht und Grausamkeit. Da wird eines Tages gemeldet:

SULLA DICTATOR DICTATURAM DEPOSUIT
Nuntii ferunt L. Cornelium Sullam summam potestatem ad senatum transtulisse

Romae. L. Cornelius Sulla, qui comitibus C. Marii maximam iniuriam proscribendo intulerat, heri contionem convocavit et hanc fere orationem habuit:

„Aequo animo fero me unicuique popularium odio esse. Certe Mario vivo maxima vis omnibus optimatibus allata est. Hoc aegre tuli, nam statum civitatis confirmare volebam. Nunc depulsis inimicis nulla causa odii mihi restat. Potestatem ad senatum referam, ut omnes pace fruantur."

Clamore sublato Sulla lictores dimisit.

Populus stupuit, quod illum nunc privatum vidit, qui dictator eximiam superbiam prae se tulerat. Multi magna voce clamabant: „Inopia hostium finem occidendi fecit. Septem milia civium Romanorum nefarie trucidari iussit. Cur non eodem odio in hunc hominem feremini, quo usus est iste in nos? Decet in Sullam nunc conferri[1] pestem, quam iste in nos contulit."

Has contumelias Sulla neglexit et domum ingrediens „His verbis", inquit, „plebei efficient, ne quis posthac dictaturam deponat."

Ü a) *Bilde die Tempusreihe zu:* ferimus et patimur – alii apportant, alii auferunt – tollit et legit – alter offert, alter accipit.

b) *Übersetze und bestimme die Formen von* ferre: 1. Cicero vitia quorundam virorum ferre non potuit. 2. Imprimis superbiam neque tulit neque passus est. 3. Etiam iniurias aegre ferebat. 4. Constat eum miseriam fortiter tulisse. 5. Semper monebat aequales, ne arma contra rem publicam ferrent. 6. Per multos annos studiosus erat auxilium ferendi iis, qui sine culpa in inopiam inciderant.

---
[1] *cōnferre* hier: häufen

c) *Setze in die entsprechende Form des Perfektstammes:* fero – feras – ferebat – ferrent – feremus – ferre – fertur – ferebantur

d) *Setze ins Passiv und übersetze:* fert – ferrent – ferre – ferebant

e) *Übersetze die folgenden Fragen an einen römischen Senator:* 1. Aus welchem Grund hat der Senat die Volksversammlung verschoben? 2. Warum zeigen *(prae se ferre)* einige Senatoren manchmal großen Hochmut? 3. Hast du die Anstrengungen mit Gelassenheit getragen? 4. Vergleichst du stets Vor- und Nachteile?

f) *So etwas macht man doch nicht! Bilde den verneinten Imperativ (Prohibitiv) und übersetze:* 1. otium negotio praeferre 2. labores in proximum diem differre 3. parentibus terrorem inferre 4. vim amicis afferre 5. se in periculum inferre

g) *Bilde einen Ablativus absolutus mit PPP und übersetze:* occasio offertur – clamor tollitur – nuntius ad imperatorem refertur – rumor affertur – mortui efferuntur – labores perferuntur – subsidium equitibus fertur

h) *Zerlege die folgenden Wörter in Stamm und Suffix und übersetze:*
frugifer – armifer – pestifer – mortifer
Auf einer italienischen Landkarte der Toskana steht: colline metallifere. *Welche lateinischen Bestandteile erkennst du? Wer ist* Luzifer? *Wann nehmen Franzosen ein* somnifère?

i) *In welchem Zusammenhang gebraucht man die folgenden Fremdwörter? Welche Komposita von* ferre *liegen ihnen zugrunde?*
Transfer – Konferenz – Referat – Offerte – Differenz – Ablativ – Relativ(satz) – Oblate

j) *Zur Abbildung: Wie lautet der Text auf der Münze? Warum wird der Feldherr von der Göttin Victoria mit einem Siegeskranz ausgezeichnet? Welche Wirkung soll diese Darstellung auf die Betrachter haben?*

Z Der Aufstieg des L. Cornelius Sulla

L. Sulla litteris Graecis atque Latinis eruditus erat. Quamquam voluptates petebat, tamen numquam voluptatibus ab negotiis retinebatur. In otio luxuriam temperantiae praeferebat. Multas res largiebatur, imprimis pecuniam. Omnibus semper auxilium offerebat. Alii eum felicissimum arbitrabantur, alii affirmabant fortunam eius numquam maiorem fuisse quam industriam. Milites benigne appellabat, multis rogantibus per se ipse beneficia offerebat, invitus beneficia accipiebat.
Quibus rebus et artibus Sulla brevi milítibus carissimus factus est.

S Wenn ein Römer die Namen Marius und Sulla hörte, so dachte er zuerst an den Bürgerkrieg, dessen Anführer die beiden waren. Marius, der Mann aus dem Volk, hatte aus Hass gegen den Adel die Optimaten verfolgen und grausam töten lassen. Sulla kam seinen Standesgenossen mit dem ihm ergebenen Heer zu Hilfe und richtete seinerseits unter den Popularen ein fürchterliches Blutbad an. So kämpften Römer gegen Römer, oft der Bruder gegen den Bruder, der Vater gegen den eigenen Sohn.
Sulla ließ nach seinem Sieg auf dem Forum öffentliche Ächtungslisten (Proskriptionen) aushängen, auf denen seine Gegner verzeichnet waren, manchmal auch nur Leute, an deren Besitz man herankommen wollte. Wer auf der Liste stand, galt als vogelfrei, sein Vermögen verfiel dem Staat.

Brennpunkte römischer Geschichte

Die Namen Caesar und Kleopatra sind jedem von euch bekannt.

Vielleicht habt ihr sogar schon einen Film über die beiden gesehen. Um sie geht es im nächsten Abschnitt unseres Buches (Kap. 23-30). Dabei erfahren wir vom Ehrgeiz des jungen Römers und von den Reizen der ägyptischen Königin. Wird auch der spätere Kaiser Augustus von ihr verführt werden?

Mit ihm beginnt in Rom eine neue Zeit, die man oft das "Goldene Zeitalter" nannte. Wir werden die Leistungen des Herrschers beurteilen können und mit einem ausländischen Besucher den berühmten Friedensaltar besichtigen. Wir erfahren auch, wie einfache Leute über Augustus denken. Unglücksbotschaften bleiben aber nicht aus. Aus dem fernen Germanien wird gemeldet: Im Teutoburger Wald hat der Feldherr Varus ein ganzes Heer bis auf den letzten Soldaten verloren. Wie reagiert da der mächtigste Mann der Welt?

Zunächst kommt aber der berühmteste Mann der Republik zu Wort: M. Tullius Cicero. Dem Redner, Politiker und Philosophen hat man übel mitgespielt: Seine Gegner haben ihn aus seiner Heimat vertrieben! Versetzt euch einmal in seine Lage!

23 Genitiv des geteilten Ganzen (genitīvus partitīvus)
Genitiv des Wertes (genitīvus pretiī)

E 1. Cicerō prīnceps **ōrātōrum** nōminātus est.
2. Quis **vestrum** hunc ōrātōrem nescit?
3. Magnam partem **vītae** in officiīs pūblicīs cōnsūmpsit.
4. Multum **temporis** atque multum **labōris** litterīs tribuit.
5. Auctōritās eī **plūris** (pretiī) erat quam iūdicium vulgī.
6. Hodiē quoque Cicerōnis opera **magnī** aestimantur.

L **Cicero kehrt aus der Verbannung heim**

Der Redner und Politiker M. Tullius Cicero hat sich für die Gemeinschaft der Bürger eingesetzt und in seinem Konsulatsjahr (63 v. Chr.) einen Staatsstreich verhindert. Von seinen Gegnern unter Druck gesetzt, geht er wenige Jahre später nach Griechenland ins Exil. Wieder in Rom, blickt er auf seine politische Laufbahn zurück:

„Eiectus eram e civitate, quamquam rem publicam magno cum numero civium bonorum defenderam. Consul creatus coniurationem hominum sceleratorum oppresseram ex senatus consulto ultimo[1]: ,Videant consules, ne quid detrimenti capiat res publica!' Quamquam cives ab incommodis belli domestici servaveram,
5 tamen ab inimicis sine iudicio, sed vi et lapidibus e patria in Graeciam expulsus eram. Cives boni satis praesidii mihi praebuissent, si Romae mansissem. Sed pacem et felicitatem omnium pluris aestimavi quam miseriam meam. Ita bis servavi rem publicam: consul vigilando sceleratos cepi, privatus cives odio incensos fugi.
10 Quae res apud omnes bonos magni putabantur. Itaque brevi senatus constituit me in patriam re-vocare. Omnes mea merita tanti duxerunt, ut toto itinere incolae et vicorum et municipiorum mihi advenienti manus porrigerent et adventum meum velut triumphum celebrarent. In urbe Roma viae incredibili hominum multitudine refertae erant. Et optimates et populares laetabantur, quod redditus sum patriae
15 lugenti. Iter meum a porta ad forum, ascensus[2] meus in Capitolium, reditus meus domum eius modi erant, ut summa in laetitia tamen aliquantum doloris restaret: Civitas nunc grata antea misera atque oppressa erat."

Ü a) *Setze die Substantive in den Genitiv und übersetze:*
multum (labor) – paulum (tempus) – aliquid (consilium) – nihil (auxilium) – parum (humanitas) – satis (vires) – magna vis (aurum) – copia (frumentum) – minimum (commodum) – duo milia (homines) – nihil (auctoritas) – aliquid (novum)

b) *Wer bietet mehr? Bilde – in Partnerarbeit – die Komparative oder Superlative:*
1. Ego te *magni* facio. Quanti tu me facis? 2. Avaritiam *parvi* duco. Et tu? 3. Amicitiam *magni* aestimo. Et tu? 4. Temperantia tibi *multum* proderit.

---

[1] *ultimus, a, um* hier: außerordentlich   [2] *ascēnsus, -ūs* von *ascendere*

c) *Setze die in Klammern stehenden Wörter in den Genitiv und übersetze:*
1. Quis (mortales) sine vitiis natus est? 2. (Quantum) quisque alios facit, (tantum) ipse fit. 3. (Omnes oratores) praestantissimus fuit Cicero. 4. Magnus numerus (rei) Cicerone adiuvante servatus est. 5. Nonnulli oratores nimis (insidiae) adhibent. 6. Omnis oratio plurimum (gravitas et veritas) habere debet.

d) *Erstelle ein Sachfeld zum Bereich „Rede, reden, sprechen". Erkläre mit jeweils einem Satz die folgenden Begriffe:* Oratorium, Diktator, Colloquium, Referat, Dissertation

e) Mus caseum rodit. – Eine Maus nagt den Käse an.
Durch geschicktes Reden versuchten manche Philosophen die Unwahrheit zur Wahrheit zu machen. Aus einem einfachen Satz zogen sie die Schlussfolgerung:
Mus verbum est: mus autem caseum rodit: verbum ergo caseum rodit.
Mus verbum est: verbum autem caseum non rodit: mus ergo caseum non rodit.

f) *Verwandle die folgenden Dative in Nominative. Achtung: In jeder Zeile ist eine Form kein Dativ.*
1. huic imperatori – isti mori – itineri – magistri – illi regioni
2. iudici – senibus – sideri – iuri – sensui – iniuriis – dolori – doli
3. hoc damno – rebus – reo – animali – vico

Z Was leisten Menschen, die gut reden können?
Cicero meint: Saepe et multum hoc mecum cogitavi: Plus boni an mali attulit hominibus studium eloquentiae? Intellego eloquentia multas urbes constitutas esse, plurima bella confecta esse[1], firmissimas societates et sanctissimas amicitias comparatas esse. Homines sapientes eloquentia aliis persuadere possunt, ut fidem et iustitiam colant.

S Geboren wurde M. Tullius Cicero 106 v. Chr. in Arpinum, einem Landstädtchen südlich von Rom. Er stammte aus dem Ritterstand und war Zeit seines Lebens stolz darauf, in Rom als Mann ohne Adel *(homo novus)* das Konsulat erreicht zu haben. Als Konsul (63 v. Chr.) konnte er einen Staatsstreich verhindern.
Besonders erfolgreich war Cicero als Redner. Er trat als Verteidiger und als Ankläger auf. Nicht bei allen Zeitgenossen war er deshalb beliebt. Sie versuchten, ihn aus dem politischen Leben auszuschalten. Diese erzwungenen „Ruhepausen" benutzte Cicero aber dazu, seine Ansichten in philosophischen Werken niederzulegen.
In seinen Schriften wandte er sich Themen zu, die er für alle Menschen als wichtig erachtete: Er befasste sich u. a. mit den Pflichten des Einzelnen *(de officiis)*, mit dem Staat *(de re publica)*, mit den Gesetzen *(de legibus)*, aber auch mit der Freundschaft *(de amicitia)*.
Im Bürgerkrieg wurde er von Antonius auf die Proskriptionslisten gesetzt und auf dessen Befehl ermordet (43 v. Chr.). Seine Werke aber blieben erhalten und wurden über das Mittelalter hinaus in ganz Europa verbreitet. Eifrig studierte man sie, oft ahmte man sie nach. Ciceros Stil galt jahrhundertelang allen Lateinschreibenden als Vorbild. Auch unser Buch und die Grammatiken orientieren sich an Ciceros Schreibweise.

---

[1] *cōnficere* hier: beilegen

24 Genitiv der Zugehörigkeit (genitīvus possessīvus)

E 1. Nōs omnēs societātem **hominum** petimus.
2. **Hominum** est societātem petere.
3. **Sapientis** est rem pūblicam administrāre.
4. Rēs pūblica est **omnium cīvium**.

L **Pompeius: Ein Mann macht Karriere**

Der Feldherr Cn. Pompeius, ein Zeitgenosse Ciceros, wird mit außerordentlichen Macht-
befugnissen versehen und kann die Seeräuber, die das ganze Mittelmeer unsicher machen,
besiegen. Auf ihn warten aber im Osten des Reiches noch größere Aufgaben:

Bello contra piratas confecto Cn. Pompeius magna celeritate in Asiam contendit,
ut bellum contra Mithridatem gereret. Putabat enim imperatoris Romani esse
fines imperii proferre, opes populi Romani augere, fortiter agendo in remotis
terris sibi maximam laudem parere. Postquam Mithridatem, hominem tum
5 infestissimum Romanis, e regno expulit, deditionem Tigranis, regis Armeniae,
accepit. At illum in conspectu suo supplicem humi iacere passus non est, sed
regem summa liberalitate iussit diadema[1], quod deposuerat, in caput re-ponere.
Scriptores antiqui ferunt Pompeium, cum Tigranem in pristinum fortunae statum
restitueret, haec dixisse: „Magni viri est et vincere reges et facere.“

10 Tum etiam Ponti, Ciliciae, Syriae regna populi Romani facta sunt eximia virtute et
imperatoris et exercitus. In patria autem multi cives interim timebant, ne
Pompeius armatus Romam veniret. Plerique existimabant tanti imperatoris esse
summam imperii[2] ac totam rem publicam capessere. Primum trepidabant, tum
valde laetabantur, cum ad Italiam accederet. Toto exercitu dimisso nemo
15 comitatus est Pompeium nisi parva copia amicorum. Privatus in urbem rediit
ibique memoria rerum gestarum suarum triumphum triplicem egit.

Ü a) *Wessen Aufgabe ist etwas? Ordne die Tätigkeiten den Personen zu und übersetze*
(*Beispiel:* Consulum est saluti rei publicae consulere):
lictores – mercator – orator – parentes – sacerdotes – liberi – patronus – magister
1. merces emere et vendere 2. liberos educare 3. consules comitari 4. sacrificiis
interesse 5. clientibus consulere 6. discipulos litteras docere 7. iudicibus persuadere
8. parentes colere

b) *Womit beschäftigen sich Schüler und Lehrer?* Magistri et discipuli ... cognoscere
volunt. *Bilde Akkusativobjekte mit Genitivattribut und füge sie in diesen Satz ein:*
1. mores – maiores 2. leges – natura 3. causae – res *(Pl.)* 4. praecepta – ius 5. societas –
homines 6. status – res publica

---

[1] *diadēma, -atis* n. Diadem, Königskrone [2] *summa imperii* Oberbefehl

c) *Ersetze die Formen von* esse *durch* fieri *und übersetze:*
   1. Domus est patris. 2. Aerarium est populi Romani. 3. Praeda militum sit.

d) *Suche das Gegenteil und übersetze:*
   1. maeror – concordia – bellum – ius – initium – otium – frigus
   2. ignavus – pauper – vetus – aequus – tristis – pravus
   3. tacere – nocere – offerre – vendere – accusare – scire

e) *Übersetze zunächst die folgenden Aussagen. Setze dann die Verben ins Perfekt und verwandle schließlich die lateinischen Sätze ins Passiv:*
   1. Legatus nuntios defert. 2. Magistratus pecuniam confert. 3. Alieni rumorem afferunt. 4. Parentes metum tollunt. 5. Agricolae fruges referunt. 6. Amicus auxilium offert. 7. Dux signa hostibus infert.

f) *Ersetze alle Verben durch die entsprechenden Formen von* ferre *mit Komposita und übersetze:* 1. Nemo famem et sitim diu tolerabit. 2. Onera portavi. 3. Consul magno cum maerore sepultus est. 4. Nemini iniuriam imposui. 5. Quis inopiam aequo animo tolerat? 6. Profecto nullum hominem tibi anteposuissem. 7. Maiora et minora comparemus! 8. Morbum fortiter tolerabat. 9. Cives crimina passi sunt. 10. Ager fruges portat. 11. Bonam occasionem mihi praebuisti.

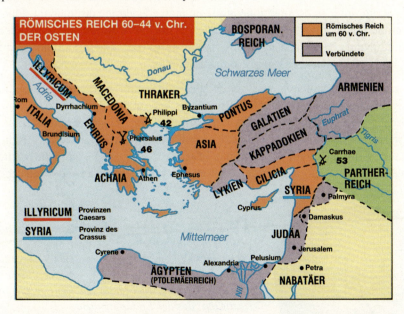

Z Wer soll an der Spitze stehen? Cicero empfiehlt einen Feldherrn:
Ego sic existimo in summo imperatore quattuor has res inesse: scientiam rei militaris, virtutem, auctoritatem, felicitatem. Quis igitur aptior est quam Cn. Pompeius? Qui extrema pueritia miles in exercitu summi imperatoris fuit, prima iuventute ipse maximi exercitus imperator fuit. Qui saepius cum hoste pugnavit, quam quisquam cum inimico certavit; qui plura bella gessit, quam ceteri legerunt.
Hae sunt virtutes illius imperatoris: labor in negotiis, fortitudo in periculis, industria in agendo, celeritas in conficiendo, consilium in providendo.

25

Genitiv der Begriffsbestimmung (genitīvus explicātīvus)
Genitiv der Beschaffenheit (genitīvus quālitātis) (Wh.)

E 1. Pompēius imprīmīs virtūtem **iūstitiae** coluit.
2. Caesar et ōrātor et imperātor **magnī ingeniī** erat.
3. Saepe itinera **multōrum diērum** fecit.

L Caesar: Was Ehrgeiz und Ruhm bewirken

C. Iulius Caesar hat sich nach umfassender Ausbildung in Rhetorik und im Militärwesen dem Staatsdienst verschrieben. Im Jahr 68 v. Chr. erreicht er in der Ämterlaufbahn eine neue Stufe.

C. Iulius Caesar, vir magni ingenii et summae ambitionis, quaestor factus Hispaniam provinciam sortitus est. Cum Alpes transiret iamque iter multorum dierum fecisset, ad vicum quendam parvum venit, ubi homines agrestes procul a cultu atque humanitate Italiae vitam miserrimam degebant. Ibi vespere amici
5 eius acriter inter se de ambitione atque de mercede gloriae disputabant. Quo in sermone comes quidam mentis callidae per iocum arbitrium Caesaris elicere voluit: „Num etiam hic locus ambitioni tuae aptus est?" Caesar: „Malo", inquit, „in hoc vico primus esse quam Romae secundus."

Cum in Hispania munere quaestoris prospere fungeretur, a praetore Gades, quod
10 est oppidum eximiae pulchritudinis, missus est, ut ius diceret. Ibi in fanum Herculis ingressus favorem illius dei petiturus erat. Cum autem in eo fano imaginem Alexandri Magni in pariete pictam animadvertisset, lacrimas effudit et gemuit. Amicis causam quaerentibus „Ecce", inquit, „hoc exemplum virtutis! Doleo me nihil memorabile effecisse virum eius aetatis, qua Alexander iam orbem
15 terrarum subegerat."

Ü a) *Ordne den Substantiven der 1. Zeile ein Genitivattribut zu und übersetze:*
1. virtus – vitium – poena – exemplum – periculum
2. mortis – iustitiae – ignaviae – virtutis – exilii
Suche zu jedem Substantiv ein weiteres Genitivattribut, das der Erklärung dient.

Caesar
(Turin, Archäologisches Museum)

b) „Ver-rückte Welt" – Rücke zurecht! Ordne jedem Substantiv eine Beschaffenheit oder Eigenschaft zu und übersetze. Es gibt mehrere Möglichkeiten:

A puer	1. eius modi	F consilia	6. unius anni
B res	2. ordinis plebei	G homines	7. decem annorum
C iter	3. omnis aetatis	H exilium	8. huius generis
D vir	4. magnae virtutis	I imperator	9. magni pretii
E statua	5. unius diei		

c) Übersetze in den folgenden Sätzen esse nicht mit „sein":
1. Hortus patris est. 2. Bono animo in amicos fuerat. 3. Iste homo parvi ingenii est. 4. Mala valetudo nobis curae erit. 5. Mihi nomen Titus est. 6. Mihi est in animo epistulam scribere. 7. Cum homine superbo mihi res est. 8. Estne tibi bene? 9. Humanitatis est alios non offendere. 10. Mihi tua prudentia ante oculos est. 11. Credo deum esse. 12. Periculum est, ne occasionem praetermittas.

d) Caesar hatte es immer eilig. – Caesar imperator eximiae celeritatis erat.
   Übersetze und sammle alle Ausdrücke, die Caesars schnelles Handeln hervorheben:
   1. Caesari cum nuntiatum esset hostes per provinciam nostram iter facere velle, properat ab urbe Roma proficisci et quam maximis itineribus[1] in Galliam contendit.
   2. Caesar in Italiam magnis itineribus[1] contendit et quinque legiones conscribit. Cum his legionibus ire contendit, qua[2] proximum iter in Galliam per Alpes erat.

e) Zu jedem Präfix passen zwei Verben. Ordne zu, bilde die Stammformen zu diesen verba composita und nenne jeweils das verbum simplex:
   1. com-, con-, cor-, col-, co-
   -hibere, -stare, -movere, -venire, -rumpere, -ponere, -rigere, -loqui, -ercere, -ligere
   2. ex-, ef-, e-
   -ripere, -ferre, -rigere, -cutere, -ercere, -fugere

Z Ein Gallierführer ergibt sich Caesar. Er muss nur noch seine Landsleute überzeugen: Vercingetorix concilio convocato demonstrat se bellum non suae necessitatis causa, sed communis libertatis causa suscepisse: „Quoniam fortunae cedere debeo, ad utramque rem me vobis offero, sive morte mea Romanis satisfacere, sive me vivum tradere vultis." Mittuntur de his rebus ad Caesarem legati; iubet arma tradi, principes produci; ipse pro castris consedit; eo duces producuntur, Vercingetorix deditur, arma proiciuntur.

S C. Caesar stammte aus der angesehenen gens Iulia, die ihre Herkunft bis auf Aeneas zurückführte und daher die Göttin Venus als Ahnherrin für sich beanspruchte. Berühmt wurde Caesar durch die Eroberung Galliens, des heutigen Frankreich, das dadurch „romanisiert" wurde. Neben seinen militärischen Erfolgen und seinen ehrgeizigen Plänen stehen aber auch kulturelle Leistungen. So reformierte er beispielsweise den römischen Kalender und ließ ihn nach dem Sonnenjahr ausrichten (sog. Iulianischer Kalender). Dieser hatte Gültigkeit bis ins 16. Jahrhundert.
Caesars Größe und Machtfülle ängstigten allerdings die Senatoren in Rom. Sie fürchteten um den Bestand der Republik. Deshalb ermordete eine Gruppe von ihnen den auf Lebenszeit gewählten Diktator am 15. März 44 v. Chr.

---

[1] magnum iter ein langer Marsch, Eilmarsch   [2] quā ~ ubī

26 Genitīvus obiectīvus (Wh.) / Genitiv bei Adjektiven

E 1. Scīpiō semper **amōre patriae** ductus est.

2. Caesar **spem victōriae** numquam dēposuit.

3. Cicerō semper **salūtis** reī pūblicae **memor** fuit.

4. Pompēius, vir **perītus bellī**, magnum exercitum duxit.

5. Sulla **cupidus glōriae** erat, sed **voluptātum cupidior**.

L Kleopatras Tod

Der junge C. Octavianus, der die Nachfolge seines Adoptivvaters Caesar angetreten hat, verfolgt nach der Schlacht bei Aktium (31 v. Chr.) seinen Gegner Antonius bis nach Ägypten zur Königin Kleopatra. Dort erfährt er vom Tod seines Rivalen und lässt Kleopatra verhaften. Im Palast wird ihm auf einem Zettel mit dem Lebenslauf der Königin angedeutet, weshalb er sich vor ihr in Acht nehmen müsse.

„Caesar cum gloriae cupidus Alexandríam venisset, ut Aegyptum quoque cogeret vectigalia pendere, in amorem Cleopatrae incidit. Tanto amore flagrabat, ut illam principem reginarum appellaret et multis donis donaret regnumque Aegyptiorum liberum relinqueret[1]. Caesare autem Idibus Martiis occiso Cleopatra omnia
5 moliebatur, ne qua commutatio rerum suarum fieret. Itaque Antonium imperatorem desiderio sui ita obstrinxit, ut is immemor officiorum etiam provincias quasdam populi Romani reginae largiretur. Quae potentiae cupida denique Antonio nupsit, ut progenies sua toto orbe terrarum potiretur. Cave, ne Cleopatra te quoque, C. Caesar Octaviane, seducat[2]!“

Kaum hat Octavian die Notiz gelesen, stürzt eine Vertraute der Königin mit einem Brief herein und stammelt:

10 „Tibi, Caesar Octaviane, hanc epistulam a regina signatam mando. Me haec dicere iussit: Cleopatram neque cruciatus neque mortis metus terret, quoniam non ignara est consiliorum tuorum: Iam dudum enim cupis eam vivam comprehendere et in triumpho tuo ducere. Non ignorat caeremoniam talis triumphi esse hanc: Et reges et captivi per Viam Sacram trahuntur, ut sint
15 Romanis ludibrio ac documento victoriae. Quod ne fieret, regina nostra imperavit, ut serpens in cophino[3] inter ficos[4] occultata afferretur. Isti bestiae bracchium suum praebitura est. Dum loquimur, Cleopatra iam mortem obit et vel[5] maximam victoriam de populo Romano parit.“

Als Octavian den Brief öffnet und darin die Bitte liest, sie neben Antonius zu begraben, will er selbst zuerst zu ihr, schickt dann aber andere, um die Sache zu untersuchen. Als diese im Lauf ankommen, finden sie Kleopatra schon tot im königlichen Schmuck auf einem Prunkbett liegen.

---

[1] *(rēgnum ...) līberum relinquere* zur freien Verfügung überlassen   [2] *sēdūcere* verführen
[3] *cophinus, -ī* (griech.) Korb   [4] *fīcus, -ī* Feige   [5] *vel* (m. Sup.) vielleicht

Ü a) *„Begierig, kundig, eingedenk, teilhaftig, mächtig, voll
stehen stets mit Genitiv, das merke dir sehr wohl."*
Ordne die lateinischen Adjektive in der Reihenfolge dieses Merkspruches an.
Zu welchen Adjektiven kennst du das Gegenteil?

b) *Gib die folgenden lateinischen Wendungen im Deutschen mit einem zusammengesetzten Adjektiv wieder:* amans patriae – neglegens officii – fugiens laboris – appetens gloriae – plenus gratiae – expers consilii – iuris consultus

c) Repetitio *(Wiederholung)* est mater studiorum. *Erinnerst du dich an ROMA II 14? Welche Genitive kannst du nur als* genitivus obiectivus *übersetzen?*
metus mortis – odium Romanorum – spes salutis – memoria patris – amor patris

d) O – S – T – I – A !
Verbinde jeden Buchstaben der Hafenstadt Roms mit fer-, *so dass du eine lateinische Form erhältst. Es gibt noch einen weiteren Buchstaben, den du sinnvoll an* fer- *anhängen kannst. Welchen?*

e) cupidus – desiderium – documentum – non ignara – amor – immemor – metus – cupidus
Ordne aus dem L-Stück die folgenden Genitive sinnvoll zu und übersetze:
potentiae – gloriae – consiliorum – Cleopatrae – mortis – sui – officiorum – victoriae

Z Caesars triumphaler Empfang in Alexandria
Re felicissime celerrimeque gesta Caesar victoriae memor et plenus fiduciae sui Alexandriam contendit. Cum equitibus Caesar victor urbem intravit, quae praesidiis hostium tenebatur. Alexandrini autem acris belli immemores adventu felici Caesaris laetabantur. Gratulandi causa Caesari advenienti occurrerunt seque ei dederunt. Caesar incolas in fidem[1] receptos consolatus est[2] et Cleopatrae reginae regnum tradidit.

S Mit siebzehn Jahren kam Kleopatra auf den Thron Ägyptens. Sie war zwar nicht, wie man oft glaubt, eine ausnehmende Schönheit, doch bestach sie durch ihren Geist und ihren Charme. Sieben Sprachen beherrschte sie fließend. Vielleicht hat sie auch deshalb Caesar betört, der sie sogar heiraten wollte. Antonius war ihr ganz verfallen und genoss mit ihr das orientalische Leben. Nur Octavian, der spätere Kaiser Augustus, blieb ihr gegenüber hart, brauchte er sie doch als „Feindbild" gegen seinen Rivalen Antonius.
Noch heute sind sich die Forscher nicht einig über diese berühmte Frau der Antike: War sie wirklich nur eine gerissene Verführerin oder war sie eine kluge Politikerin, die alle Mittel einsetzte?

Kleopatra
(Berlin, Antikensammlung)

---

[1] *fides* hier: Schutz [2] *cōnsōlārī* trösten, lindern

27 Genitiv als Objekt bei Verben

E 1. Hominēs scelestī etiam temporibus
   Augustī **sceleris accūsābantur**.
2. Quōsdam **iniūriae paenituit**.
3. Quōs Augustus haud rārō **sceleris absolvit**.
4. Stultitiae est vitia aliōrum cernere, **suōrum oblīvīscī**.
5. Quis **aetātis** imperātōris Augustī **oblīvīscētur**?

L **Augustus, der erste Kaiser Roms**

Rom hat eine neue Regierung. Zwar gibt es noch Konsuln und alle Ämter wie früher, aber eigentlich steht jetzt nur ein Mann an der Spitze des Staates. Was halten denn die Bürger von ihm, der nun Augustus und früher Octavian hieß? Belauschen wir zwei Römer auf dem Weg zum Forum!

Aulus:

„Ego pacis ab Augusto restitutae libenter reminiscor. Illius etiam temporis mihi in mentem venit, cum Caesar Octavianus Aegypto pacata Romam ingressus est. Geminas portas templi Iani clausit. Quae antea tantum aetate Numae regis ac post
5 primum bellum Punicum clausae erant. Per totum imperium terra marique tandem pax erat parta, praesertim cum Parthi signa Romanis erepta ultro reddidissent. Quos pugnarum diuturnarum paenitebat. Tum universi cives praeteritorum malorum obliti maximum honorem Octaviano detulerunt: Omnium consensu nominatus est ‚Divi Caesaris filius Augustus‘."

10 Quintus:

„Etiam poetae Augustum carminibus celebrant; Horatius poeta haec fere composuit: Pax Augusta et agris fruges et populo ordinem rectum rettulit. Neminem civium fortunae suae paenitet, nam Augustus revocat illas veteres virtutes, per quas maiestas populi Romani crevit: iustitiam ac pietatem. Et
15 in homines sceleris convictos cum severitate animadvertit et falsi criminis insimulatos absolvit.

Custode Augusto nec furor civilis nec ulla vis homines otiosos perturbat. Non iam ira erit, quae gladios fabricat et urbes inimicas reddit. Ne barbari quidem, qui ostia alti Danuvii incolunt, Romanos foederis rupti arguent. Neque edicta
20 populi Romani rumpent, quod memores virtutis principis Augusti sunt."

Ü a) *Ordne die folgenden Wörter den drei Sachfeldern zu:*
   1. *Anklage und Verteidigung* 2. *Schuld und Vergehen* 3. *Gericht, Richter, Urteil*
   reus – facinus – iudicium – insimulare – crimen – accusare – iudex – defendere – furtum – damnare – caedes – absolvere – scelus – arguere – iudicare – patronus – testis – culpa
   Suche noch andere Begriffe, die zu den Sachfeldern passen.

b) *Tat und Anklage! Nenne den Tatbestand und setze die Anklage in den richtigen Kasus. Übersetze die Rechtsvorschriften:* 1. Qui pecuniam rapuit, (furtum) reus fit. 2. Etiam is, cuius auxilio furtum factum est, (furtum) accusatur. 3. Qui imperatorem laesit, (maiestas) arguitur. 4. Magistratus, qui alios cives corrupit, (ambitus) arcessitur. 5. Qui hominem necavit, (caedes) accusatur.

c) *Setze die Angaben in Klammern in den richtigen Kasus und übersetze:*
1. Cur vos (grave factum) non pudet? 2. (Homines quidam) non pudet (vitia). 3. (Omnis iniuria) (tu) paeniteat! 4. (Beneficia tua) numquam obliviscamur. 5. (Ego) pudet (mea sententia). 6. (Cives boni) non paenitet duros labores subisse.

d) *Das Suffix -tas bezeichnet eine Eigenschaft oder einen Zustand,*
z. B. aequus – aequi-tas / Gleich-heit, Gerechtig-keit.
Bilde zu den folgenden Adjektiven das Substantiv und übersetze: cupidus – liber – dignus – humanus – gravis – verus – celer – pius – nobilis – pauper – brevis – utilis

e) *Zur Abbildung: Augustus tritt hier nicht als Privatmann auf. Welche Kleidung trägt er? In welcher Situation könnte er sich so dargestellt sehen? Die kleine Amorgestalt am Fuße des Kaisers symbolisiert seine Herkunft. Kannst du das erklären?*

Z Lob und Tadel für Augustus
Apud prudentes homines vita Augusti aut varie laudabatur aut arguebatur. Alii dicunt Augustum cupidine dominandi senatu invito consulatum inisse, cives proscripsisse, legiones corrupisse, arma contra rem publicam vertisse.
Sed scriptor principi fidissimus haec fere exponit:
Augustus pacem revocavit, ubique furorem armorum sedavit, mores legibus restituit; iudiciis auctoritatem, senatui maiestatem reddidit; imperium magistratuum ad pristinum modum ab eo redactum est. Antiqua forma rei publicae revocata est.

S Augustus, ein Meister der Propaganda

Herrscher aller Zeiten wollen ihre Taten immer im guten Licht erscheinen lassen. Auch Augustus war bestrebt, dass von ihm nur Positives berichtet wurde. Deshalb ließ er manche Dichter und Schriftsteller „für sich arbeiten" und sich als Friedensherrscher feiern. Die römische Geschichte, so prägte er es den Leuten immer wieder ein, erreiche mit seiner Regierung den Höhepunkt. Dass er auf dem Weg zur Macht viele Gräueltaten begangen hatte, dass er ganze Städte ausgelöscht und deren Bewohner getötet hatte, davon durfte man nichts erfahren. Die Propaganda des Augustus war so wirksam, dass auch heute noch der erste Kaiser der Römer als idealer Herrscher gilt.

Augustus (Rom, Vatikanische Museen)

28 Participium coniūnctum / Ablātīvus absolūtus (Wh.)

E 1. Octāviānus **Cicerōne cōnsule** nātus est.
2. **Caesare occīsō** Octāviānus imperium petīvit.
3. **Rē pūblicā oppressā** populum ex inopiā līberāvit.
4. **Octāviānus** necem Caesaris **ultūrus** imperiō potītus est.
5. **Populus Rōmānus** rēs gestās dīvī Augustī **legēns** imperātōrem admīrātur.

L „Varus, gib die Legionen zurück!"

Kaiser Augustus hat den inneren Frieden wiederhergestellt. An den Grenzen des Reichs drohen aber Gefahren. Aus Germanien, wohin er seinen Feldherrn Quinctilius Varus entsandt hatte, um das Land zwischen Rhein und Elbe zu befrieden, erreicht ihn durch einen Boten eine Eilnachricht.

Omnes, qui aderant, nuntium attente et magno cum affectu audivērunt: „Gravem ignominiam clademque propter temeritatem unius accepimus. Varus imperator, quia existimabat Germanos nihil humani nisi vocem et membra habere, eos gladio quam iustitia coercere malebat. Qui superbia atque libidine Vari lacessiti primum
5 seditionem excitaverunt, deinde nostris inopinantibus in itinere restiterunt et signa aquilasque abstulerunt. Tribus legionibus cum duce legatisque in saltu Teutoburgiensi caesis metus Germanorum renovatus est."

Dimissis amicis Augustus protinus praesidia et stationes per urbem disposuit, ne qui tumultus exsisteret. Haruspices et pontifices adibat, qui affirmabant
10 principem Iovi Optimo Maximo immolantem rem publicam servaturum esse. Quo sacrificio facto Augustus tamen civitati timebat. Luctu perculsus clamavit:

„Vare, Vare, redde legiones!"

Illum vero diem calamitatis quotannis diem atrum habuit, nam ei persuasum erat terminos imperii, qui antea in litore Oceani fuerint[1], nunc in ripa Rheni
15 fluminis stare.

---

[1] fuerint: übersetze mit Indikativ

Prunkschale, vermutlich
aus dem Besitz des Varus
(Berlin, Antikensammlung)

Ü a) *Bilde das Partizip Präsens und das Partizip Perfekt zu folgenden Verben:* ferre – petere – imponere – contemnere – inducere – consulere – facere – sequi – impellere – neglegere

b) *Bilde aus den Infinitiven passende lateinische Partizipien und übersetze:*
periculum rei publicae (instare) – bestiae ab hominibus (domare) – iuris consultus leges (imponere) – leges a prudentibus (probare) – orator gloriam (adipisci, *3 Möglichkeiten*) – pontes a civibus (exstruere) – agri magna cum diligentia (colere) – beneficia pauperibus (offerre) – vir furti (accusare)

c) *Reiseziel Griechenland! Warum fuhren die Römer nach Griechenland? Ersetze die ut-Sätze durch ein Partizip Futur:* Romani in Graeciam navigaverunt, ut litteras Graecas cognoscerent – ut statuas contemplarentur – ut cum philosophis Graecis disputarent – ut merces venderent et emerent.

d) *Übersetze das Participium coniunctum mit der angegebenen Sinnrichtung:*
1. (final)   Augustus exercitum duxit rem publicam liberaturus.
2. (kausal)   Hostes bellum rei publicae Romanae inferentes acie vicit.
3. (temporal)   Dictaturam sibi absenti oblatam non accepit.
4. (konzessiv)   Victor multis hostibus veniam non petentibus pepercit.
5. (konditional)   Homini in-fido ne verum quidem dicenti credidit.

e) *Übersetze die Partizipialkonstruktion in den folgenden Sätzen a) mit einem Relativsatz, b) mit einem adverbialen Gliedsatz und c) mit einem Präpositionalausdruck:*
1. Augustus spe pacis adductus se totum negotiis publicis dedidit. 2. Quidam homines dominandi cupiditate inducti iusta ab iniustis non discernunt. 3. Cicero e patria expulsus in Graeciam se contulit.

f) *Bilde zu den folgenden Ablativen den Nominativ. Achtung: In jeder Zeile ist eine Form kein Ablativ.*
1. illo casu – hac parte – magna siti – falso crimine – his viribus – regni
2. his annis – hoc populo – ordo – illis laboribus – die festo – qua re
3. nummis – plebis – artibus – vulneribus – salute – undis

S Die Römer wollten im Lauf ihrer Geschichte ihre Herrschaft stets nach außen hin sichern. Kriege waren für sie nur „Verteidigungskriege". Sie gaben oft an, sie seien zum Krieg gezwungen oder hätten ihre Bundesgenossen zu schützen. Die Feinde der Römer sahen das nicht so. Ihnen fiel die Machtgier und die Gewinnsucht der Römer auf. Dem Streben nach noch größerer Ausweitung des römischen Reichs nach Norden und Osten setzten die Germanen ein Ende. Durch die berühmte Schlacht im Teutoburger Wald (Kalkriese bei Osnabrück) wurden die Geschicke der nächsten Jahrhunderte bestimmt: Östlich des Rheins blieben die Germanen sich selbst und ihren Stammeswirren überlassen, die linksrheinischen Gebiete wurden Teil der blühenden römischen Provinz.

29 Nominativ mit Infinitiv
Nōminātīvus cum īnfīnītīvō (NcI)

E 1. Post multa bella cīvīlia Rōmānī ōtium petīvērunt.
2. Vergilius poēta trādit omnēs Rōmānōs ōtium petīvisse.
3. **Rōmānī** ōtium **petīvisse trāduntur**.
4. **Imperātor Augustus** populō Rōmānō pācem **dēdisse dīcitur**.

L **Ein Attentatsversuch auf Kaiser Augustus**

Nicht überall hatte Augustus Freunde. Sein Streben nach Macht war manchen unheimlich. Sie
wünschten sich lieber die alte Republik wieder. So konnte eine Verschwörung nicht ausbleiben.

Ad Augustum delatum est homines quosdam nobiles et divites ei insidias parare.
Etiam L. Cinna, familiaris eius, coniurationi interfuisse dicitur. Conscius quidam
principi iam horam necis destinavisse fertur. Quo indicio permotus Augustus
constituit se a Cinna vindicare[1]. Hinc autem multa in pectore volvit, saepe gemuit
5 atque clamavit: „Quid ergo? Pax diuturna omnibus in regionibus terra marique
parata esse videtur. Domi autem cogor arma in amicos sumere. Ego percussorem[2]
meum securum ambulare patiar?"

Tandem interrogavit Livia uxor: „Admittisne muliebre consilium? Aperte dico:
Princeps summae iustitiae esse existimaris, sed pacem sempiternam severitate
10 assecuturus non es. Nunc tibi licet clementia uti. Cinnae, quaeso, ignosce! Iste
deprehensus est. Tibi nocere non iam posse videtur, sed famam tuam augere nunc
potest." – Augustus uxori gratias egit Cinnamque ad se arcessivit et: „Caput
coniurationis", inquit, „esse videris. Hoc me terret et percellit. Nonne te in bello
servavi, nonne tibi omnes honores concessi, nonne te in domum meam induxi?
15 Cur me occidere constituisti?" – Cinnae nihil respondenti Augustus tandem
proposuit: „Vitam tibi iterum do. Ex hodierno die tanta amicitia incipiat, ut credar
omnium hominum felicissimus esse, cum te pro amico habeam."

Tatsächlich überzeugte Augustus seinen Gegner Cinna durch seine Milde und erreichte es, dass
kein Attentat mehr auf ihn versucht wurde.

Ü a) *Bilde alle Infinitive zu:* mittere – consulere – audire – dare – esse – cogere – tollere –
oblivisci – colloqui – deligere – dirimere

b) Aus dem Tatenbericht des Kaisers Augustus
Mache die folgenden Sätze abhängig von a) Augustus scribit *und b)* Augustus traditur:
1. Bella terra marique gessit. 2. Omnibus civibus veniam petentibus pepercit. 3. Civitatem universam metu et periculo liberavit. 4. Militibus agros aut pecuniam pro
praemiis dedit. 5. Templum Iovis refecit. 6. Fines multarum provinciarum populi
Romani auxit.

---

[1] *vindicāre* hier: schützen   [2] *percussor, -ōris* Mörder

c) *Übersetze mit einem Präpositionalausdruck (z. B.* metu coactus *aus Angst*):
veritus – ratus – amore inductus – timore coactus – cupiditate commotus – timens –
expulsus – ira incensus – absens – mortuus – arbitratus – inopia permotus

d) *„Die haben etwas geleistet!" so glaubt man, hört man, berichtet man. Übersetze:*
1. Archimedes non solum leges naturae, sed etiam quaedam instrumenta belli invenisse
putatur. 2. Thales primus defectionem solis[1] praedixisse fertur. 3. Gorgias leges bene
dicendi primus adhibuisse dicitur. 4. Cicero ad Romanos philosophiam transtulisse
videtur. 5. Decem viri primas leges Romanorum invenisse dicuntur. 6. A philosophis
Graecis humanitas et litterae inventae esse creduntur.

e) *Übersetze und gib die Stammformen zu den Verben an:* frui otio – quieti se tradere –
amittere spem pacis – pacem rumpere – servare pacem – in otio de negotiis cogitare –
a negotiis publicis se removere – ad otium per-fugere – se in otium referre

f) *Übersetze und bilde die jeweils entsprechende Form des Perfektstammes:* 1. Quaestor
ad senatum refert. 2. Populi foedere obstringuntur. 3. Cives artificia admirantur.
4. Senatores sententiam dicunt. 5. Praetor legem populo proponit. 6. Reus culpam
confitetur. 7. Iudex magistratum ambitus arcessit. 8. Cura aufertur.

g) *Bilde aus beiden Reihen Verbformen. Es gibt nur jeweils eine richtige Lösung.*
perre-, disser-, arcessi-, rep-, inven-, pollice-, consen-;
-issent, -uerant, -bantur, -xit, -serunt, -perit, -verunt

Z Augustus als Urheber der besten Staatsform *(status rei publicae)*?
Saepe Augustus illis verbis usus est: „Festina lente!" et „Satis celeriter fit, quidquid[2] fit
satis bene". Ratus[3] temeritatis esse rem publicam arbitrio plurium committere, Augustus
rem publicam in sua potestate retinuit. Quam voluntatem edicto confirmavit.
„Utinam salva res publica semper in eo statu consistat! Utinam semper magnum fructum
percipiat! Utinam auctor optimi status rei publicae dicar!"

S Augustus und seine Familie
So milde Augustus gegenüber seinen Mitbürgern war, so streng war er gegen seine eigene
Familie. Er erwartete von ihren Mitgliedern, dass sie sich genau an seine Vorstellungen
von einem „echten Römer" oder einer „echten Römerin" hielten. Seine Tochter Iulia
entsprach aber keineswegs dem Bild einer Kaisertochter. Zu freizügig waren ihre Lebensweise und ihr Umgang. Augustus verurteilte sie kurzerhand wegen Ehebruchs und
schickte sie in die Verbannung. Die Enkelkinder Gaius und Lucius galten eher als
verzogene Prinzen denn als vorbildhafte junge Römer.
Mit seiner Frau Livia führte Augustus ein bescheidenes Leben, das er ganz nach dem
Vorbild der *maiores* ausrichtete.

---

[1] *dēfectiō (-ōnis) sōlis* Sonnenfinsternis   [2] *quidquid* alles, was   [3] *ratus* ~ putans

73

30

Ablativ der Trennung (ablātīvus sēparātīvus)
Ablativ des Vergleichs (ablātīvus comparātiōnis)

E 1. Imperātōrēs quīdam in-hūmānī omnibus **rēbus** cīvēs spoliāvērunt.
2. Tum multī cīvēs etiam **lībertāte** caruērunt.
3. Optimī quoque virī **metū** nōn vacāvērunt.
4. Quid petere māvultis quam pācem aeternam?
5. Nihil iūcundius est **pāce diuturnā**.

L Ein Altar für den Frieden

Der junge Aulus Hostilius, Sohn eines angesehenen Senators, hat Besuch aus Griechenland. Sein Freund Philos ist in Rom. Heute soll ein großes Ereignis auf dem Marsfeld stattfinden. Auf dem Weg dorthin spielt Aulus ganz stolz den Fremdenführer:

„Athenis, ex urbe praeclara, venisti. Quamquam haec urbs pulcherrima esse dicitur, tamen multum differt a capite nostro. Athenae per multa saecula laboribus multorum hominum aedificatae sunt, Roma autem quasi ab uno viro monumentis marmoreis aucta et ornata est velut porticu Octaviae, theatro Marcelli, templo
5 Apollinis. Itaque multi imperatori Augusto gratiam relaturi templum dedicare voluerunt, quod populum Romanum perpetuo metu belli liberavit multosque cives rebus ad vitam necessariis egentes adiuvabat. Quibus rebus commoti nonnulli etiam dicunt Augustum a deis ipsis ortum esse.

Princeps diu ab iis dissensit. Nuper autem rebus in Hispania prospere gestis
10 senatus ei aram pacis consecrari censuit. Hodie prima lustra fient.“

Je mehr sich die beiden dem Marsfeld nähern, desto dichter wird die Menschenmenge. Als Aulus und Philos um eine Ecke biegen, sehen sie den Platz mit der Ara Pacis vor sich liegen. Philos staunt; Aulus erklärt weiter:

„Ecce! Ex omnibus partibus magistratus, pontifices, virgines Vestales! Neque se separant a civibus, ut mos est. Omnes magno agmine arae appropinquant, ubi victimae deis mactantur. Iam fumum sacrificii video. Nos quoque ad aram properemus! Quanta est magnitudo monumenti! Videsne a lateribus imagines
15 senatorum Augustum eiusque familiam comitantium? Hac ara certe nihil potest esse praeclarius. Nihil maius meliusve di benigni civitati donaverunt principatu Augusti.“

Philos ist durchaus beeindruckt von dem Bauwerk. Auch betrachtet er genau an der Vorder- und Rückseite die Darstellungen von Romulus und Remus, von Mars, von der Göttin Tellus. Dann aber meint er: „Vielleicht kommst du mal nach Athen, dann zeige ich dir an der Akropolis ein noch schöneres Relief.“

Ü a) *Suche die Verben, die eine Trennung bezeichnen:* persuadere – defendere – flagrare – separare – abstinere – depellere – polliceri – arcere – porrigere – egere – prohibere – vacare – liberare – vadere – carere – proficisci – uti – exuere – absolvere – silere
Setze zu jedem Verbum, das du ausgesucht hast, das passende Objekt:
doloribus – spe – auxilio – armis – (de) insidiis – (a) finibus – suspicione – ab inimicis – ab hostibus – (ab) iniuria – (a) periculo – metu

74

b) *Setze die in Klammern stehenden Substantive in den Ablativ und übersetze:*
   1. Carere (patria) triste est. 2. Alter alterius (auxilium) eget. 3. Iuvenes Romani philosophum clarum (reditus) in Graeciam arcere voluerunt. 4. Parentes vos semper (iniuria) prohibebunt. 5. Quis nostrum (culpa) vacat?

c) *Ersetze* quam *mit Substantiv durch einen Ablativ des Vergleichs und übersetze:*
   1. Nihil utilius est quam sol. 2. Nihil celerius est quam fama. 3. Nihil est peius quam bellum civile. 4. Facta difficiliora sunt quam verba. 5. Nihil est gravius in publicis rebus quam lex. 6. Nihil erat homini Romano foedius quam servitus. 7. Certe nihil potest esse dulcius quam libertas. 8. Deus nobis nihil melius dedit quam rationem et orationem. 9. Quem magis amatis atque diligitis quam parentes?

d) *Übersetze:* 1. Nihil melius a deo accepimus vita. 2. Nihil hominibus gravius esse debet pace. 3. Nemo imperator Romanus melius de re publica meritus est Augusto. 4. Nullum aedificium Romae pulchrius esse dicitur ara Pacis.

e) *Sortiere nach grammatikalischen Formen. Du findest je fünf Infinitive, Gerundformen, Partizipien, Adjektive im Komparativ und Adverbien:* constanter – crudelior – arcessiturus – simpliciter – insimulando – consuli – intendi – petentem – acriori – humillime – obsequi – leviores – victuri – sedisse – augendum – confessus – latum – pauperiorem – reminisci – pulchre – audacter – contendendi – impellendo – potentiore – vivendi

f) *Informiere dich (z. B. in einem Sachlexikon) über die folgenden Begriffe aus dem Lesestück:* a) magistratus b) pontifices c) virgines Vestales d) lustrum

S In Rom und in den Provinzen genoss Augustus großes Ansehen. Er verbot es jedoch, wie ein Gott verehrt zu werden. Im ganzen römischen Reich entstanden allerdings Kultstätten für den *genius Augusti*, der den Herrscher beschirmen sollte. In Ankara (Türkei) hat sich ein solcher Tempel erhalten. Auf seinen Mauern findet man den Tatenbericht des Augustus in griechischer und lateinischer Sprache, die *res gestae*, wie der Kaiser sie selbst nannte. In diesem „Monumentum Ancyranum" beschreibt er die Leistungen, die er für das römische Volk erbracht hat. Eine Abschrift des lateinischen Textes können wir heute in Rom vor der (unten abgebildeten) Ara Pacis lesen.

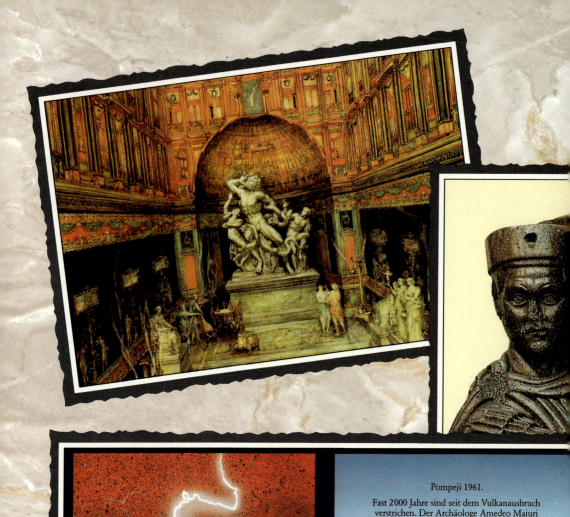

Pompeji 1961.

Fast 2000 Jahre sind seit dem Vulkanausbruch verstrichen. Der Archäologe Amedeo Maiuri entdeckt die Abdrücke der Frau und ihrer Kinder. Über seinem Kopf hält der Sklave noch immer den Dachziegel, der ihn nicht gegen den Aschenregen hat schützen können. Frau und Kinder liegen Hand in Hand dicht beieinander. Ein Mann stützt sich auf seinen rechten Arm, als wollte er sich in einer letzten, übermenschlichen Anstrengung erheben, um den Seinigen beizustehen.

Kaiserzeit: Niedergang und Wandel

Stellt euch vor, ihr wohnt in einem Haus, in dem alles aus Gold ist, selbst die Tische und Teller, auf denen man die Speisen reicht! An den Wänden leuchten die herrlichsten Gemälde, und der Fußboden ist aus blankem Marmor. So etwa lebte Kaiser Nero. Aber war dieser ganze Prunk nicht schon der Hinweis auf den beginnenden Verfall Roms?

Ihr werdet in diesem Teil von ROMA (Kap. 31-35) auch Augenzeuge eines fürchterlichen Unglücks sein, das sich damals in Campanien, in der Nähe von Neapel ereignet hat.

Mit Konstantin lernt ihr dann einen zweiten, ganz anders gearteten Kaiser kennen. In einem Traum sah er ein Zeichen, das die römische Welt und schließlich auch Europa verändern sollte ...

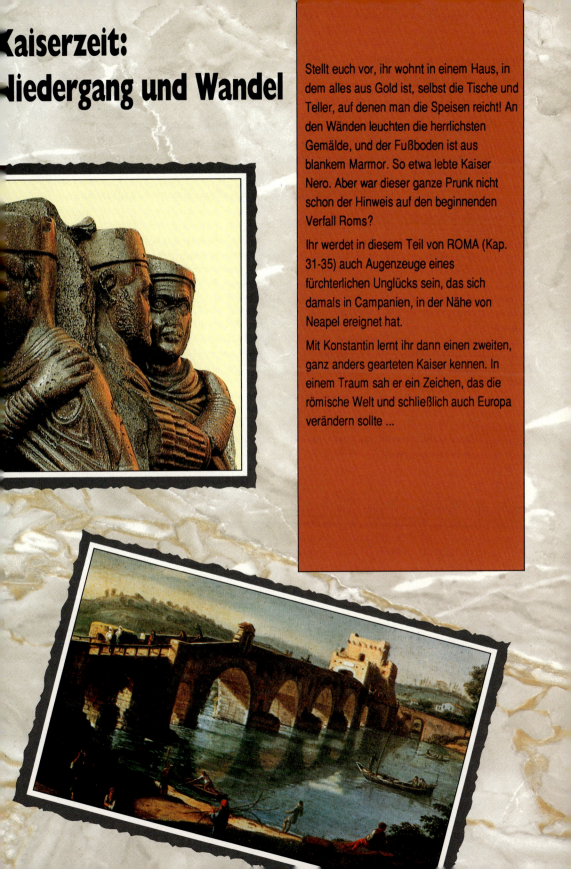

31

Ablativ des Mittels (ablātīvus īnstrūmentī)
Ablativ als Objekt

E 1. Augustus imperium Rōmānum summā **prūdentiā** administrābat.
2. Populus Rōmānus beneficia Augustī semper **memoriā** tenēbat.
3. Augustus quamquam multīs **honōribus** dignus erat, **paucīs** contentus erat.
4. Plūrimī cīvēs doluērunt Augustum gravī **morbō** affectum esse.
5. Certē etiam imperātor Nerō omnibus **mūneribus** dīligenter fungī voluit.

L **Ein Kaiser baut sich ein Häuschen**

Nach dem Brand Roms (64 n. Chr.) liegen weite Teile der Stadt in Schutt und Asche. Die Viertel
um den Palatin sind fast völlig zerstört. Die Bevölkerung erwartet von ihrem Kaiser ein Aufbau-
programm, doch Nero hat andere Pläne. Zu seinem Hofbaumeister Severus meint er:

„Vita beata hominum nulla re continetur nisi divitiis. Dulcissimus autem fructus
divitiarum, ut puto, in dissipando est. Itaque miror avunculum Gaium Caligulam,
qui opes ab imperatore Tiberio relictas triennio effudit. Illi, qui parvo contentus
non erat, ego largiendo et consumendo praestabo. Nam confisus artibus tuis
5 aedificium magnificum erigam, quo homines toto orbe terrarum nihil pulchrius
conspexerint. Te autem summis honoribus afficiam, si hanc domum secundum
meam voluntatem perfeceris.“

Sodann entwickelt Nero seine Vorstellung von seinem „Häuschen im Grünen“:

„Hoc domicilium a colle Palatino usque ad Esquilias pertineat. Quam ‚domum
auream‘ nominabimus, quia ab omnibus partibus auro abundabit. De spatio[1]
10 atque apparatu huius domus tibi haec proponere sufficiet: Vestibulum[2] tanta
magnitudine sit, ut colossus[3] CXX pedum ibi collocari possit effigie mea ornatus,
item lacus mari similis et aedificiis urbanis circumdatus. Ibidem[4] vineas, silvas,
agros cum multitudine pecudum ac ferarum omnis generis possidere volo, ut
media in urbe vita agresti frui possim. Pars interior domus auro, gemmis, ebore[5]
15 ita ornetur, ut deo digna sit. His rebus perfectis dicam me demum quasi hominem
habitare.“

Zu Neros weiteren Vorschlägen, die alle zur Ausführung kamen, gehörten getäfelte Decken, die
beweglich waren, um Blumen herabzustreuen, und Röhren enthielten, um wohlriechendes Wasser
von oben über die Gäste zu sprengen. Der Hauptspeisesaal war rund und drehte sich Tag und Nacht
wie das Weltall.

Ü a) *Ein Dichter schrieb über Neros Haus:*
Roma domus fiet: Veios[6] migrate Quirites, / si non et Veios occupat ista domus.
Welche Einstellung zu Neros Prachtgebäude war bei der Bevölkerung verbreitet?

b) *Bilde den Dativ und den Ablativ (bei Personen mit der Präposition* cum) *zu:*
orator illustris – indicium incredibile – civis dives – senex pauper – munus dignum –
res simplex – puer celer – consilium utile – talis ritus – concordia civilis

---

[1] *spatium* hier: Größe   [2] *vestibulum* Vorhalle   [3] *colossus, -ī* hier: Kolossalstatue
[4] *ibīdem* ebenda   [5] *ebur, -oris* n. Elfenbein   [6] *Vēiī, -ōrum* Veji, Stadt (25 km) nordwestlich
von Rom

78

c) *Bringe die in Klammern stehenden Wörter in den richtigen Kasus und übersetze:*
1. Omnes consules (res publica) (prudentia) praesint! 2. Auctoritas senatus apud populum Romanum (plurimum) aestimabatur. 3. Homines (caedes) convicti (summum supplicium) affecti sunt. 4. Princeps (populus) fidem habuit, populus (princeps) gratias egit. 5. Aetate Neronis multi (sors) querebantur. 6. Nero (multi doli) nisus est. 7. (Haec occasio) utamur! 8. Ne (malum exemplum) secutus sis, sed utere (bona exempla)! 9. Quis (vita suavis) frui non vult? 10. Vir integer (nemo) invidet.

d) *Wie hat sich in der Antike im Lauf der Jahrhunderte die Einstellung zu den Sklaven geändert? Übersetze die folgenden Sätze.*
Secundo a. Chr. n. saeculo: Cum servi aegri sunt, multos cibos eis dari non oportet. Pater familiae servum senem et servum aegrum vendat!
Primo p. Chr. n. saeculo: Sic cum inferiore homine vivis, ut superiorem tecum vivere vis. Servi te magis colant quam timeant! Servis domus parva res publica est.

e) *Verben auf* -ta-re (-sa-re) *und* ita-re *bezeichnen eine Verstärkung* (verba intensiva) *oder Wiederholung* (verba iterativa) *einer Handlung. Wie lauten die* verba intensiva *bzw.* iterativa *zu:* agere – consulere – iacere – canere – rapere – capere?
Bilde die entsprechenden Formen der verba simplicia *und übersetze* (z. B. sententias dictat / dicit):
iudicem consultant – animalia captaverunt – lapides iacto – carmina cantaverant – agricola gregem agitavisset – fur torquem e manibus aurificis raptavit.

f) *Zur Abbildung: Beschreibe die Palastanlage. Welche Besonderheiten entdeckst du? Denke daran, dass der Palast mitten in der Stadt Rom stand. Wo befindet sich das riesige Standbild des Kaisers Nero?*

S Nero ließ große Gebiete des Stadtzentrums enteignen, um seine prachtvolle Residenz nach seinen Vorstellungen bauen zu können. Vierzehn Kilometer lange Säulenhallen umgrenzten seinen Wohnsitz. Der See des Parks wurde später zugeschüttet. Auf ihm errichteten die Kaiser Vespasian und Titus ein Amphitheater. Die Riesenstatue (der *colossus*) des Nero, die bis ins Mittelalter dort stand, gab dem berühmten Bauwerk seinen Namen.

32
Ablativ der Preisangabe (ablātīvus pretiī)
Ablativ des Grundes (ablātīvus causae)

E 1. Mercātor prūdēns multās rēs **parvō** emit, **magnō** vendit.
2. Multa **minimō** emere possumus, sed amīcōs vērōs **aurō** parāre nōn possumus.
3. Nōn licet suī commodī **causā** nocēre alterī.
4. Quis imperātor **clēmentiā** suā pater patriae nōminātus est?
5. Cōnstat cīvēs **luxuriā, avāritiā, crūdēlitāte** Nerōnis labōrāvisse.

L Neros letzte Tage

68 n. Chr.: Das römische Heer in Spanien ist mit Nero unzufrieden und revoltiert. Der Feldherr Galba wird zum neuen Kaiser ausgerufen. Wie ein Lauffeuer verbreitet sich diese Nachricht bis ins ferne Rom. Wie wird Nero reagieren?

Nero postquam Galbam imperatorem et legiones a se defecisse cognovit, primo hoc nuntio graviter afflictus et metu collapsus est, deinde diu sine voce humi iacuit, denique clamavit: „De me actum est". Tamen neque consuetudines neque luxum neque ignaviam omisit vel minuit. Immo vero, cum quiddam prosperi e
5 provinciis referebatur, laetus Galbam et milites iocis levibus irridebat. Praeterea Nero multa et immania consilia ira incensus inisse dicitur: Modo senatum veneno necare, modo bestias in populum agitare, modo urbem incendere constituit.

Das ist dem römischen Volk zu viel. Es kommt zu einem offenen Aufstand gegen den Kaiser. Selbst die Palastwachen verlassen ihren Posten und laufen zu Galbas Truppen über.

Nero cum animadvertisset finem imperii sui exspectatione celerius adesse, timidus se abdidit, praeceps demensque per domum erravit iterum atque iterum clamans:
10 „Mea sponte mortem obibo. Sed nec amicum habeo nec inimicum, cuius manu peream." Postremo libertinus quidam misericordia adductus praedium exiguum, quod parvo emerat, ei obtulit perfugio. Cuius in cubiculo sordido Nero se occultavit. Comitibus acriter instantibus, ut tandem sibi manus afferret, ferrum arripuit. „Nec merito", inquit, „moriar. Qualis artifex pereo!"

„Welch großer Künstler geht mit mir zugrunde!" Mit diesen Worten setzt er sich den Dolch an die Kehle. Bei seinem Selbstmord muss ihm sein Freigelassener allerdings noch helfen.

80

Ü a) *Kaufmännisches aus Rom. Übersetze:* 1. Ratio[1] non stat, si merces tantidem vendis, quanti emisti. 2. Nonnulli mercatores merces minimo emunt, plurimo vendunt. 3. Mercatores callidi merces quam plurimo vendunt. 4. Ea res, qua non utimur, asse cara est. 5. Paucae res gratis stant.

b) *Aus welchen Beweggründen handelt man: aus Hass, aus Liebe, aus Gewohnheit? Füge die Ablative des Grundes* (abl. causae) *sinnvoll in die folgenden Sätze ein – es gibt verschiedene Möglichkeiten – und übersetze:* iussu – metu coactus – precibus permotus – consuetudine – mea sponte – ira incensus – amore adductus

1. Amicos . . . adiuvo. 2. Negotia ingrata saepe . . . conficimus. 3. Pauperibus auxilium . . . tulimus. 4. . . . iter nocturnum non perreximus. 5. Doleo, quod te . . . offendi. 6. Ex libris meis . . . optimum tibi elegi. 7. Parentibus . . . semper consulimus.

c) *Erkläre aus dem Lateinischen und beantworte:* 1. *Was ist ein* Dr. h.c.? 2. *Wann handelst du* spontan? 3. *Wo kannst du etwas* gratis *bekommen?*

d) *Wohnen zum Nulltarif! Der Dichter Martial (40–102 n. Chr.) gibt Auskunft. Übersetze das folgende witzige, aber ernst gemeinte Gedicht und überlege, warum der Vermieter Sosibianus keine Miete verlangt:*

Nemo habitat gratis, nisi dives et orbus[2] apud te.
Nemo domum pluris, Sosibiane, locat[3].

e) *Zur Abbildung (Rom, Kapitolinisches Museum): Der Künstler wollte den Kaiser sehr positiv, aber lebensecht darstellen. Wie ist ihm das gelungen? Welchen Eindruck hast du von diesem Kaiser?*

Z Wer schwätzt, wird bestraft.
Quidam domini crudeles omni humanitate carent. Servos non solum libertate, sed etiam omnibus iuribus spoliant. Servis miseris, qui a domino severo et in-humano parvo empti sunt, non licet os movere, ut loquantur. Omnis vox suppliciis punitur. Tota nocte servi tacentes circum dominum cenantem stant. Sic fit, ut isti de domino loqantur et querantur, quibus coram[4] domino loqui non licet.
Alii domini cum servis familiariter vivunt. Quorum servi parati sunt pro domino collum porrigere et eum a periculis tueri.

S Die römischen Kaiser führten ein Leben mit allem Luxus. Augustus, der sich als *princeps civium* verstand, wohnte noch in einem bescheidenen Haus auf dem Palatin. Seine Nachfolger hingegen errichteten auf diesem „Kaiserhügel" weitläufige Villenanlagen. Sie waren es auch, die das Bild vom römischen Kaiser formten. Oft regierten sie ungerecht oder tyrannisch. Die Macht verdarb ihren Charakter. Besonders Nero gehört zu den berüchtigten Herrschern, denen man Willkür vorwarf. Mit ihm starb die julisch-claudische Kaiserfamilie aus.

---

[1] *ratiō, -ōnis* hier: Rechnung [2] *orbus, a, um* kinderlos [3] *locāre* vermieten
[4] *cōram* (mit Abl.) in Gegenwart von

33
Ablativ der Beziehung (ablātīvus līmitātiōnis)
Ablativ des Maßes (ablātīvus mēnsūrae)

E 1. Imperātor Augustus excellēbat **clēmentiā** et **virtūte**.
2. Nerōne prīncipe multī hominēs nōn **rē**, sed **nōmine** līberī erant.
3. **Quantō (quō)** plūra Nerō habuit, **tantō (eō)** plūra cupīvit.

L **Der Untergang Pompejis**

Die Einwohner der Stadt Pompeji am Fuße des Vesuv lebten lange Zeit sorglos, ohne an die Gefahr zu denken, die in der Nähe auf sie lauerte. Eines Tages aber, im August 79 n. Chr., deutet einer der Bürger auf dem Forum entsetzt in die Richtung des Vulkans:

„Eheu! Aspicite istam nubem! Nubes ingens et nigra in summo vertice Vesuvii orta est. Nonne sonitum audivistis? Magnitudine illius nubis nigrae omnia prodigia superantur. Fuga salutem petamus! Ne metiamur periculum spatio[1], quod inter nos et montem interest!"

5 Quae cum dixisset, in compluribus locis montis columnae ignis surrexerunt, cineres et lapides de caelo ceciderunt. Sol deficit, subito nox densa fit. Immanes rivi ignis per agros vicosque in mare manant. Magno tumultu orto ad unum omnes iam animo deficiunt. Alii parentes suos, alii coniuges, alii liberos requirunt.

Iamque tecta tremuerunt ac terra ingenti motu concussa est. Pauci cervicalia[2]
10 capitibus imponentes nihilo minus summa audacia per vias urbis portas petiverunt. Divites in ea calamitate pauperes metu mortis aequabant: gladiatores armis abiectis, mercatores vasis relictis, senatores officiis destitutis ex urbe fugere conabantur. Quo densior et calidior cinis cadebat, eo difficilius erat progredi eoque magis homines desperabant. Itaque multi se in domos suas receperunt,
15 quia sperabant se intra aedificia tutos fore; sed in periculum multo maius in-currerunt: Inclusi vel ruinis occisi vel odore sulpuris[3] suffocati[4] sunt.

Das Unglück dauerte noch drei Tage. Als die Wolken sich lichteten, war von der Stadt Pompeji nichts mehr zu sehen. Über ihr lag eine meterdicke Ascheschicht. Die wenigen Einwohner, die der Katastrophe entronnen waren, fanden in anderen Städten Campaniens ihre Bleibe.

Ü a) *Übersetze:* 1. Imperator Titus multis imperatoribus clementia et virtute praestitit.
2. Plurimae gentes imperii Romani lingua et moribus inter se differebant. 3. Nemo consulibus par erat auctoritate. 4. Multo maiora opera sunt animi quam corporis.
5. Nulla domus domicilio Neronis par erat apparatu.

b) *Ist doch klar: „Je leichter eine Aufgabe, desto besser." Übersetze:*
1. Quo faciliora negotia sunt, eo iucundiora sunt. 2. Quo minores labores sunt, eo gratiores sunt. 3. Quo obscurius malum est, eo difficilius est ad sanandum. 4. Quo quid rarius est, eo pluris aestimatur. 5. Quo quis est doctior, eo modestior est.

---

[1] *spatium* hier: Entfernung [2] *cervīcal, -ālis* n. das Kissen [3] *sulpur, -uris* Schwefel
[4] *suffocāre* ersticken

c) *Übersetze:* Quidam amicos divitiis metiuntur. *Wonach beurteilst du deine Freunde? Vervollständige den folgenden Satz nach deinen Maßstäben:* Ego meos amicos ... metior. *Ein antiker Philosoph meint zu diesem Thema:* Ut stultus est is, qui equum empturus non ipsum in-spicit, sed stratum[1] eius ac frenos, sic stultissimus est, qui hominem veste aestimat.

d) *Wer ist hier begraben? Ein Lehrer, Soldat, Kaufmann, Bildhauer, Seemann, Bauer, ein schneller Bote oder ein Gladiator? Übersetze die folgenden Inschriften:*
 1. Tollere mors vitam potuit. Periit corpus, sed nomen in ore est.
 2. Vivit, laudatur, legitur, celebratur, amatur nuntius Augusti velox ut ventus.
 3. Hic olim statuis urbem ornavit et orbem: nomen habet populus, corpus hic tumulus.
 4. Agresti vita felix fuit.
 5. Hic quiescit Melleus magister ludi, amicus amicorum, qui vixit annos XXX.

e) *Suche aus dem Lesestück je ein Beispiel für:* Satzfrage – participium coniunctum – ablativus absolutus – AcI – Hortativ – Imperativ – Anapher

f) *Bilde mit den vorgegebenen Präfixen und dem Verb* regere *die dir bereits bekannten Komposita; bringe sie in die 3. Person Plural Perfekt und übersetze:*
 cor- ... vitia; di- ... cursum in Africam; e- ... spem; por- ... manum; per- ... orationem; sur- ... ad dicendum. *Bei welchen Komposita liegt eine Kontraktion vor?*

Der Vesuv nach dem Ausbruch 79 n. Chr.

---
[1] *strātum* Decke

34 Ablativ der Art und Weise (ablātīvus modī)
Ablativ der Beschaffenheit (ablātīvus quālitātis) (Wh.)

E 1. Multae urbēs **eōdem modō** terrae mōtū
dēlētae sunt **quō** Pompēī.
2. Nēmō tantam calamitātem **aequō animō** excipere potest.
3. Cōnstantīnus, vir **summō ingeniō**,
virtūtem cum pietāte coniūnxit.
4. Multī hominēs, quī anteā **bonīs mōribus** fuērunt,
imperiō, potestāte, dīvitiīs mūtantur.

L „In diesem Zeichen wirst du siegen!"

Kaiser Diokletian hatte eine Reichsreform durchgeführt: Vier Kaiser sollten gleichberechtigt das römische Imperium verwalten. Doch sein Plan ging nicht auf. Kaum hatte er das Amt aufgegeben, kam es unter den Nachfolgern zu erbitterten Kämpfen. Schließlich bleiben nur zwei übrig: Maxentius und Konstantin. Und die streiten sich um die Macht. Wer wird wohl siegen?

Constantinus statim Maxentium, qui se cum exercitu in urbe Roma muniverat, proelio lacessivit. Maxentius autem, quamquam ei plus virium erat, tamen Romae manebat, nam haruspices haec praedixerant: „Peribis, si extra portas urbis exieris."

5 Itaque Maxentius urbem non reliquit, sed duces summa scientia belli elegit eosque cum tribus legionibus adversus Constantinum proficisci iussit. Qui copias propius iam ad-moverat. Legionarii conflixerunt. Certe Maxentii milites victores discessissent, nisi Constantinus stationes ad pontem Milvium, qui erat aditus ad urbem, collocavisset. Eo modo Maxentiani ab urbe interclusi sunt.

10 Postero die de summa rerum decertare ducibus placuit. Constantinus autem de victoria dubitavit, immo cladem metuit. Sed hac nocte mirabili somnio monitus est: „Bono animo es, victor eris! Aspice hoc caeleste signum! In-scribe id, quod est signum Dei, in scutis militum. Hoc signo vinces!"
Fecit, ut iussus est, et exercitum signo Christi armatum cum cura diligentiaque in
15 aciem produxit. Copias Maxentii, qui ipse specie victoris ex urbe egressus erat, diffudit. Itaque scriptor quidam Christianus iure dixit: „Manus Dei erat super aciem et Constantinum."

Das Christuszeichen, das Konstantin auf den Schilden und Feldzeichen hatte anbringen lassen, wurde zum Symbol für die neue Religion im römischen Reich.

Ü a) *Übersetze:* Flavius Valerius Constantinus, qui admodum iuvenis Christianis maxime favit, multos ad Christianam doctrinam convertit. Nam ei persuasum erat:
Christiani non iussu, sed sua sponte agunt. Alteros non offendunt, sed amore moti adiuvant. Homines non specie iudicant, sed fide ac moribus aestimant. Christiani omni culpa vacare nituntur. Neque iniuria neque vi procedunt, sed amore dei ducuntur.

84

b) *Die Übung a) enthält 10 Substantive im Ablativ. Suche sie heraus. Wo findest du Ablative des Grundes* (ablativi causae) *und der Art und Weise* (ablativi modi)?

c) *Übersetze:* 1. Concordia sine iustitia nulla ratione esse potest. 2. Itaque iustitiam petamus summo studio! 3. Hac condicione semper iuste et cum fide vivetis. 4. Interdum res adversas aequo animo tolerare debemus. 5. Iniuria reprehendi acerbum est. 6. Iure ii poenas dant, qui vi iniuriam fecerunt.

d) *Ergänze jedes Substantiv durch einen Ablativ der Eigenschaft* (ablativus qualitatis) *und übersetze:*
   1. mons – vir – tyrannus – philosophus – poeta – saxum – consul – imperator
   2. excellenti ingenio – summa sapientia – ingenti magnitudine – magna auctoritate – summa virtute – magna altitudine – magna crudelitate – summa doctrina

e) *In folgender, z. T. ungewöhnlicher Sprachform finden wir einige der 10 Gebote in der lateinischen Bibel. Übersetze:*
   – Sex diebus laborabis et facies omnia opera tua! Septimo autem die facies nullum opus, tu et filius tuus et filia tua, servus tuus et serva tua.
   – Verere patrem tuum et matrem tuam!
   – Non occides!
   – Non furtum facies!
   – Non cupies domum proximi tui nec desiderabis uxorem eius, non servum, non servam, non bovem, non asinum[1] nec omnia, quae illius sunt!

Z Ein früher christlicher Schriftsteller äußert sich zum Thema „Christentum und Reichtum"

Qui fit, ut[2] homines deum verum nescientes divitiis abundent, honoribus floreant, potestate valeant? Isti miseri altius tolluntur, ut altius cadant. Sapientis est cum humanitate et caritate vivere, stulti autem summo studio petere divitias.
Quod[3] plerique Christiani pauperes dicuntur, eis non incommodo, sed gloriae est. Quis enim potest pauper esse, qui Deo dives est? Magis pauper ille est, qui, quamquam multa habet, plura desiderat. Christianus miser videri potest, non potest esse.

S Grundsätzlich waren die Römer allen anderen Religionen gegenüber tolerant. Die Bürger mussten sich nur dem offiziellen Staatskult, wenigstens der Form nach, unterwerfen. Die Christen taten dies aber nicht. Deshalb hatten sie in den ersten Jahrhunderten unter schlimmen Verfolgungen zu leiden.
Diokletian, der Vorgänger Konstantins, ließ alle christlichen Bewohner seines Reiches verfolgen. Erst Kaiser Konstantin gestattete aus Dankbarkeit für seinen Sieg an der Milvischen Brücke den Christen freie Religionsausübung. Später wurde das Christentum Staatsreligion, die alten Götter wurden abgeschafft, die heidnischen Kulte verboten.

---

[1] *asinus, -ī* Esel [2] *quī fit, ut* wie kommt es, dass [3] *quod* dass

35 Ablativ des Ausgangspunktes, des Ortes und der Zeit
Besonderheiten der Ortsangaben

E 1. **Prīmīs** p. Chr. n. **saeculīs** imperātōrēs Rōmānī crūdēliter in Chrīstiānōs cōnsuluērunt.

2. **Paucīs saeculīs post** Chrīstiānīs licuit Deum vērum venerārī.

3. **Memoriā nostrā** multās religiōnēs **tōtō orbe** terrārum nōvimus.

4. **In pāce** terrās aliēnās vīsitāmus.

5. Multī cīvēs **Athēnīs et Delphīs, Capuā et Neāpolī** profectī sunt, **ut in forum Rōmānum concurrerent.**

6. Magnam spem **in iīs**, quī rēbus pūblicīs praesunt, **pōnāmus**!

L ## Die Hauptstadt Rom bekommt Konkurrenz

Seit Augustus veröffentlichten die Herrscher ihre Rechtsvorstellungen durch die „Kaiserlichen Rechtsbeschlüsse". Konstantin hatte im Jahr 324 n. Chr. eine Entscheidung getroffen, die man in Rom zunächst gar nicht glauben wollte. Die Formulierung der Vorschrift hat wohl etwa so ausgesehen (übrigens: der Kaiser spricht von sich immer im *pluralis maiestatis*):

Cum omnia ad commodum et ad salutem rei publicae pertinentia consideraremus, nobis persuasum erat pluribus hominibus haec profutura esse: Dedimus et Christianis et omnibus hominibus liberam potestatem colendi eos deos, quos quisque rite venerari vult. Sublatis edictis, quae contra Christianos scripta sunt,
5 haec constituimus: Unicuique eorum incolumi liceat officia religionis suae publice explere. Quoniam Romae multi infesti sunt nomini Christi, Christianis locum gratum quasi patriam cultus praebere decrevimus. Byzantium novum caput imperii Romani esto.

Hanc urbem in septem collibus aedificatam alteram Romam nominabimus, nam
10 ab illa pristina neque numero regionum[1] neque pulchritudine monumentorum marmoreorum secerni poterit. Hoc loco nulla controversia inter cives erit. Moribus emendatis senatores partim Roma partim e provinciis convocati cum universo populo Romano congruent. Non solum imperatorem, sed etiam Deum novum maxima gloria afficient. Pace perfecta Byzantium ornabimus et artificiis
15 vetustis, velut columna Apollini Delphico dedicata, et aedificiis novis, velut ecclesia[2] Sanctae Sapientiae consecrata. Hoc caput gloriosissimae civitatis et his temporibus et in aevum Deo gloriae esto.

Der Umzugstermin und die offiziellen Einweihungsfeierlichkeiten werden auf den 11. Mai 330 n. Chr. festgelegt. Ab diesem Zeitpunkt ist Byzanz die eigentliche Mitte des Reichs. Bald nennt man die neue Stadt nach ihrem Kaiser „Konstantinou-polis" – Konstantinopel.

Ü a) *Beantworte nach der Lektüre von L folgende Fragen: 1. Warum soll Konstantinopel als eine neue Hauptstadt des römischen Reiches eingerichtet werden? 2. Beschreibe die Stadt und das Leben dort. 3. Versuche folgende Städtenamen zu erklären:* Nea-pel, Alexandro-polis, Tri-polis, (H)Adriano-polis.

---

[1] *regiō* hier: Stadtviertel   [2] *ecclēsia, -ae* Kirche

b) extraneus – ausländisch, fremd: *ital.* straniero – *frz.* étranger – *engl.* stranger
   Erstelle ein lateinisches Wortfeld zum Bereich „Heimat – Exil – Freund – Fremder".

c) *Übersetze und beachte die unterschiedliche Ortsangabe im Lateinischen und im Deutschen:* 1. Quarto p. Chr. n. saeculo Christiani magnam spem in imperatore Constantino posuerunt. 2. Ille imperator summo iure in magnis viris numeratur. 3. Ex omnibus regionibus peregrini in caput novum convenerunt. 4. Multa consilia in capite novo capta non iam Romam nuntiata sunt.

d) *Abfahrt – Ankunft. Übersetze (nicht nur) die Ortsangaben:* 1. Navigo (von Sizilien nach Griechenland). 2. Mense Augusto (von Rom nach Ostia) iter feci. 3. Quotannis multi Graeci (nach Delphi) se contulerunt. 4. Secundo a. Chr. n. saeculo philosophi (von Athen nach Rom) profecti sunt.

e) *Lesen bildet! Übersetze:* 1. Pauci homines multum temporis in legendo consumunt. 2. Legite sententias philosophorum et retinete eas, quas legistis! 3. Doleo, quod apud multos libri neglecti iacent. 4. Ne obliti sitis interdum librum utilem legere! 5. Constat nullum librum tam malum esse, ut non aliqua (ex) parte prosit. 6. Libri in-utiles sunt homini ignaro legendi.
   Welcher dieser Sätze enthält einen Prohibitiv, einen Imperativ, ein Gerund, ein Partizip, einen AcI?

Z Alles drängt in die Großstadt. Der römische Philosoph Seneca beschreibt das so:
Aspice hanc multitudinem hominum, quibus vix urbis ampla tecta sufficiunt. Maxima pars istius turbae patria caret. E municipiis et coloniis suis, e toto denique orbe terrarum convenerunt. Alios adduxit ambitio, alios necessitas officii publici, alios studiorum cupiditas, alios spectaculum, alios amicitia. Omne hominum genus concurrit in nostram urbem. Iube istos omnes patriam appellare. Videbis maiorem partem relictis sedibus suis venisse in maximam quidem ac pulcherrimam urbem, non tamen in suam.

S Byzanz, Konstantinopel, Istanbul; diese Namen trug die Stadt am Bosporus zwischen dem Mittelmeer und dem Schwarzen Meer. Schon die Griechen hatten in früher Zeit die günstige Lage für eine Siedlung erkannt und dort das Handelszentrum Byzanz errichtet. Eine besondere Blüte erlebte die Stadt aber erst unter Konstantin und seinen Nachfolgern. Die Verwaltung des Reichs wurde hierher verlegt, wichtige Entscheidungen nicht mehr in Rom, sondern jetzt in Konstantinopel getroffen.
Bis ins Mittelalter hinein blieb sie ein christliches Zentrum. Erst im Jahr 1453 wurde das Bollwerk gegen den Islam von den Türken eingenommen. Noch heute ist Istanbul eine Brücke zwischen Ost und West, zwischen Orient und Okzident.

Antike Welt und Christentum

Im letzten Abschnitt von ROMA (Kap. 36–40) wird's noch einmal spannend. Denn die Römer haben an ihrer Nordgrenze, am Limes, ein Problem: Diesmal geht es allerdings nicht um Militärisches, sondern um die Mode der römischen Damenwelt: Was ist heute chic?

In Germanien bleiben wir noch länger und verfolgen das Schicksal der beiden Römerstädte Passau und Regensburg. Sie werden von den Alemannen und den Baiern bedroht! Da kann vielleicht nur ein Kirchenmann helfen. Ein anderer, den man später den "Apostel der Deutschen" nennen wird, stellt sich den Germanen gar zu einem Gottesurteil. Neben dem Kreuz hat er aber auch eine Axt dabei …

Ganz so kriegerisch endet unser Buch nicht. Es führt uns wieder nach Rom. Dort ist der Frankenkönig Karl der Große eingeladen. Ihm lag es sehr daran, dass die Erinnerung an die Römer nicht verloren ging. Deshalb erhob er das Lateinische sogar zur Schulsprache und trug dazu bei, dass wir Europäer uns als Erben Roms fühlen können.

Aber in Rom wartet auf ihn eine Überraschung …

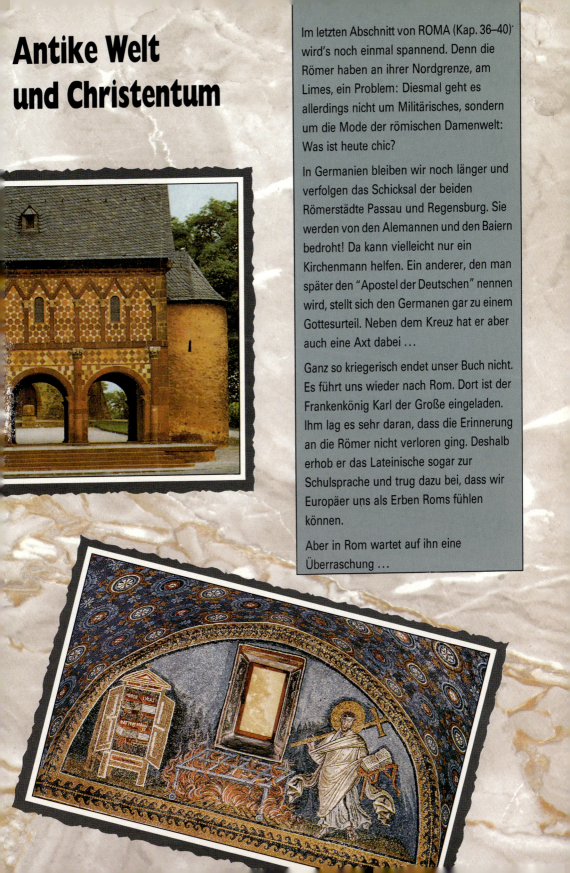

36 Temporalsätze I

E 1. Rōmānī **postquam** pontem fēcērunt, Rhēnum trānsiērunt.
2. Rōmānī **cum** prīmum Rhēnum trānsgressī sunt,
   in regiōnēs īgnōtās vēnērunt.
3. Rōmānī **cum** Rhēnum trānsgressī essent,
   agrōs Germānōrum vāstāvērunt.
4. Germānī fugere nōn dēstitērunt, **priusquam** ad silvās dēnsās pervēnērunt.
5. Fuit anteā tempus, **cum** Germānī Rōmānōs virtūte superābant.

L **Modeimport aus Germanien**

An der germanischen Grenze, am befestigten Limes, hält der Legionär Aulus Apicius Wache. Bei einer seiner Zollkontrollen fragt er den Kaufmann Quintus Claudius: „Kann man überhaupt mit den Germanen Handel treiben? Die haben doch nichts, was uns Römer interessiert." Quintus nickt zunächst und gibt zur Antwort:

Quintus: „Postquam Romani cognoverunt gentes barbaras Germanorum paupertate premi nihilque commercii cum iis esse, nemo fere mercatorum in ulteriores Germaniae regiones progressus est."

Aulus: „Certe. Cum fines nostri Hadriano et Caracalla imperatoribus hoc limite
5 clausi essent, ne miles quidem ultra hos terminos vagabatur. Sed dic mihi: Cur tu hanc miserabilem terram adis?"

Quintus: „Mulierum Romanarum gratiā mercator pericula subit et extra munitiones imperii moratur."

Aulus: „Id non intellego. Dum loquimur, illae mulieres vita curis vacua vel
10 Mogontiaci vel Coloniae Agrippinae vel Augustae Treverorum fruuntur. Nulla re egent."

Quintus: „Sane hercle! Sed cum convivium agitant, eo die pulcherrimae videri et ceteras feminas vestitu superare cupiunt. Quare quaedam etiam crines novos a mercatoribus postulant."

15 *Aulus:* „Iam multi anni sunt, cum hic vigilo. Ligna, equos, pelles, saponem[1] e Germania ex-portari vidi, sed crines numquam."

Quintus: „Quod ne miratus sis! Non solum crines flavos, sed etiam lapides flavos mulieres Romanae flagitant. Nec prius eos petere desistent, quam nos magnam copiam eorum ap-portaverimus. Ego quidem laetor, nam ex lapidibus, qui in
20 insulis remotis gignuntur et a Germanis ‚glaesum' appellantur, magnum lucrum facio."

Ü a) *Beantworte folgende Fragen zu L: 1. Mit welchen Waren haben die Römer und Germanen in der Antike Handel getrieben? 2. Um welche gelben Steine für Schmuck hat es sich wohl gehandelt? 3. Welche Erzeugnisse führen wir heute aus Italien ein?*

---

[1] *sāpō, -ōnis* m. Seife

b) *Stelle die temporalen Subjunktionen aus L zusammen und bestimme Modus und Tempus der dazugehörigen Verben.*

c) *„Dreimal während!" Übersetze:*
1. Inter cenam loqui servis non licebat. 2. Homo solus rationis est particeps, cum cetera animalia rationis expertia sint. 3. Dum Romani pontem faciunt, Germani metu coacti in silvas densas se receperunt.

d) *Unterscheide und bestimme:* i, ii (2), iis, isti (3), it, eam (2), eas (2), igitur, itur, item, idem, id, ideo, adeo (2), iit, itis, istis (3)

e) *Übersetze:* 1. Orationem brevem probo. 2. Hominem rationis participem admiror. 3. Quis non laudat iudicem aequum? 4. Viri fortes laudibus efferantur! 5. Opiniones bonas probetis! 6. Senatores probos Romani admirantur.
Da kann man auch anderer Meinung sein! Bilde neue Sätze, indem du die Adjektive jeweils durch das Gegenteil und die Verben des Lobes bzw. der Bewunderung durch Verben des Tadels bzw. der Ablehnung (z. B. reprehendere, spernere) ersetzt.

f) *Ein lateinisch-deutsches Lexikon nennt die Substantive im Nom. Sing. und die Verben in der 1. Person Präsens. Wo musst du also bei den folgenden Formen nachschauen?*
affuit – ore – iussa sunt – quaesiverat – questus est – sepultus erat – obsecuti sunt – ominibus – potuerunt – adissent – mensus est – colloquemini – nivem – obtulerunt

S Im 2. Jh. n. Chr. versuchten die Römer, sich durch eine starke Grenzbefestigung mit Wall, Graben und Palisaden gegen die Germanen zu schützen. Die Verteidigungslinie nannten sie einfach *limes*. Möglichst gerade führte er vom Rhein über den Taunus, am Main entlang und in südöstlicher Richtung bis an die Donau nach Regensburg. Im südlichen Teil seines Verlaufs wurde er durch eine Steinmauer verstärkt. Die großen Römerstädte wie Xanten, Köln, Mainz, Trier waren Mittelpunkte der Provinzen.
Lange konnte der Limes dem Druck der Germanen nicht standhalten. Im 3. und 4. Jh. war er für die Germanen kein Hindernis mehr.

Szene am Limes (Modell im Limesmuseum Aalen)

37 Temporalsätze II

E 1. **Cum prīmum (ubī, simulatque)** per annī tempus potuī, iter per prōvinciam fēcī.
2. **Quotiēns** in mūnicipium vēniēbam, vīta simplex incolārum mē dēlectābat.
3. Haud domum redībō, **quoad (dum)** omnia aedificia et artificia vīderō.

L ## Die Römer auf dem Rückzug

Der christliche Schriftsteller Eugipp will um 510 eine Biographie des Heiligen Severin (†482) erstellen. Seine Vorarbeiten und Aufzeichnungen dazu beschreiben auch die letzten Jahre der Römer im Donauraum:

Quoad imperium Romanum integrum constabat, milites in provinciis versantes stipendiis publicis alebantur. Sed ubi haec consuetudo mutata est, limites stationesque a Germanis eversae sunt. Etiam oppida sive in provincia Raetia sive in Norico sita velut Castra Regina et Castra Batavorum impetus creberrimos
5 hostium vix sustinebant. Castris Reginis expugnatis incolae regionum vicinarum e domiciliis suis excesserunt et in Castra Batavorum confugerunt. Barbari simulac eam fugam compererunt, hunc locum oppugnationibus premere constituerunt; credebant enim se oppido capto ingentem praedam facturos esse.

Alamanni vi et armis oppidum iam ceperant, cum Severinus, magnus homo et vir
10 excelsus, et paganis[1] et Christianis de salute sua dubitantibus subvenit. Hanc orationem consiliis salutaribus ornatam habuit: „Ne desperaveritis, amici! Deo duce aciem instruamus! Nos auxilio Dei credimus. Sed cum hostes superaverimus, ab eo loco discedemus. Parvo enim intervallo temporis vel Alamanni vel Thuringi, simulatque regiones Romanas ad Danuvium flumen sitas subegerint, etiam hoc
15 oppidum expugnabunt eosque incolas, qui re-manebunt, servitute perpetua prement.“

Severin sollte Recht behalten. Als nach der erfolgreichen Verteidigung der Stadt sich seine Anhänger mit ihm auf den Weg nach Süden machten, um dort Schutz vor den Germanen zu suchen, dauerte es nicht lange, bis diese auch die letzte römische Bastion an der Donau im heutigen Bayern erobert hatten.

Ü a) *Die folgende Reihe enthält jeweils vier Präpositionen, Pronomina, Adverbien und Subjunktionen. Bringe Ordnung in das „Durcheinander". Ein „Irrläufer" bleibt übrig.*
quoniam – quidam – idem – penes – inter – quisque – nusquam – imprimis – secundum –
fore – dum – postquam – nisi – propterea – propter – dudum – quivis

b) *Wähle aus den folgenden Subjunktionen die fünf aus, die eindeutig temporal sind:*
postquam – quamquam – quamvis – quoniam – cum – dum – donec – etsi – simulatque –
ne – nisi – quoad – ut – praesertim cum

---

[1] *pāgānus, -ī* Heide

c) *Schreibst du gerne Briefe? Übersetze und achte dabei genau auf die Bedeutung der temporalen Subjunktionen und auf die Zeitenfolge im Lateinischen:*
1. Cum negotia confecero, epistulam scribam. 2. Antequam epistulam scribo, cogito, quid scribam. 3. Cum epistulam scribo, dico, quod sentio. 4. Dum epistulam scribo, multa mihi in mentem veniunt. 5. Cogita tu quoque de negotiis tuis, dum hanc epistulam acceperis. 6. Cum epistulam scripsero, ad amicam proficiscar. 7. Cum primum epistulam legisti, re-scribas!

d) *„Weise Sätze aus der Antike" – Passen sie auch heute noch? Übersetze:*
1. Dum Colosseum stabit, Roma stabit; dum Roma stabit, mundus stabit. 2. Homines, dum docent, discunt. 3. Donec eris felix, multos numerabis amicos. 4. Dum vires sinunt, tolerate labores! 5. Priusquam incipias, consulito; ubi consulueris, agito!

e) *Was macht ein* miles *am* limes? *1. Erstelle ein Sachfeld zum Bereich „Lager, Siedlung, Stadt". 2. Erkundige dich in einem Sachbuch, aus wie viel Mann im Durchschnitt ein Manipel, eine Zenturie, eine Kohorte und eine Legion bestanden.*

f) *1. Was bedeutet bei Bildern, Telefonkarten, Briefmarken u. a. die Anmerkung „Limitierte Auflage"? 2. Auf französischen Autobahnen gilt eine „limitation de vitesse" (vitesse: Geschwindigkeit) von 130 km/h. 3. Was bedeutet am Zaun einer Atomkraftanlage oder eines militärischen Sperrgebiets der Hinweis in englischer Sprache „Off limits"?*

g) *Welche der folgenden Orte liegen am Limes (∕ Karte):* Xanten – Trier – Weißenburg – Bonn – Rottweil – Kempten – Köln
Wie heißen sie lateinisch? Bilde dazu den Lokativ, indem du dir vorstellst: „Ich möchte in … wohnen." – „Ego habitare velim …"

h) *Bilde mit den vorgegebenen Präfixen und dem Verb* facere *die dir bereits bekannten Komposita; setze sie in die 3. Person Plural Präsens und übersetze:*
pate- … coniurationem; ad- … senatorem honore; prae- … eum legioni; ex- … nihil; de- … animo; con- … negotium. *Bei welchen Zusammensetzungen muss das Präfix assimiliert werden?*

Z Aus der Gründungsurkunde der Stadt Regensburg
IMP(erator) CAES(ar) M(arcus) AUR(elius) ANTONINUS DIVI PII FILIUS DIVI HADRIANI NEPOS … ET IMP(erator) CAES(ar) L(ucius) AUR(elius) COMMODUS AUGUSTUS … VALLUM CUM PORTIS ET TURRIBUS FEC(erunt) PER LEGIONEM III ITALICAM ET COH(ortem) II AQUITANORUM

S Lange Zeit konnten die Kelten, die im Gebiet des heutigen Bayern lebten, ihre Selbständigkeit bewahren. Erst im Jahre 15 v. Chr. eroberten die beiden römischen Feldherrn Drusus und Tiberius (der spätere Kaiser) das Land nördlich der Alpen. Sie errichteten die Provinzen *Raetia* und *Noricum*. Dort gründeten die Römer Stützpunkte, die oft zu Städten heranwuchsen: z. B. *Cambodunum* (Kempten), *Pons Aeni* (Rosenheim), *Iuvavum* (Salzburg). Stark befestigt waren die Stellungen an der Donaugrenze *Castra Batavorum* (Passau) und *Castra Regina* (Regensburg). Die bedeutendste römische Städtegründung ist Augsburg *(Augusta Vindelicum)*.

38 Abhängige Fragesätze I

E 1. Quid legis, quid lēgistī?
   Dīc mihi, **quid legās, quid lēgeris**!
2. Cur Maxentius Rōmae mānsit?
   Interrogō, **cūr** Maxentius Rōmae **mānserit**.
3. Quid haruspicēs Maxentiō praedīxerant?
   Quis scīre voluit, **quid** haruspicēs eī **praedīxissent**?
4. Parātusne erat Cōnstantīnus Deum sequī?
   Multī rogāvērunt, **parātusne esset** Deum sequī.
   Multī rogāvērunt, **num parātus esset** Deum sequī.

L **Warum sich Heiden taufen ließen**

König Chlodwig hat die Vorherrschaft im ehemaligen Gallien errungen. An einem Abend erzählt seine Frau Chlothilde, eine gläubige Christin, ihrer Schwägerin vom Lebensweg ihres Mannes. Sie ist stolz auf seine Leistungen, gibt aber zu bedenken: „Ohne mich hätte er das nicht erreicht!"

Chlodovicus, maritus meus, nunc coronam imperii sibi imposuit. Sed neminem nostrum fugit, quemadmodum victoriam de Alamannis, hostibus ferocissimis, reportaverit. Postquam me in matrimonium duxit, eum obtestabar, ut Deum verum cognosceret et falsos deos sperneret. Saepe autem rogabat, quid commodi
5 e religione Christiana capere posset. Inductus superbia item ex me quaerebat, num Deus et Christianos et paganos[1] sublevaret. Quae quotiens affirmabam et beneficia Dei laudabam, ille mea verba irridebat.

„Es schien", so fährt Chlothilde fort, „als hätte ich als gläubige Frau auf ihn keinen Einfluss. In der Alamannenschlacht aber, als die Niederlage drohte, erinnerte er sich meiner Worte, betete zu Gott und – siegte. Für seine Rückkehr hatte ich einen überraschenden Empfang vorbereitet ..."

Clam Sanctum Remigium, episcopum[2] urbis Remensis, arcessi iusseram, ut animum mariti ad fidem veram conciliaret. Sacerdos primus regi e proelio
10 redeunti gratulatus est: ‚Accepimus ex nuntiis, quae res a te bene gestae essent. Summa contentione dimicavisti. Sed delibera, num Deo auctore et adiuvante viceris!' Hoc dicto Chlodovicus nomen Christi publice primum praedicavit arreptaque manu mea ‚Ego libenter te', inquit, ‚et Deum tuum sequar. Quis autem scit, populusne, qui me sequitur, deos suos relinquere velit?'

„Da riefen alle Krieger wie aus einem Mund: ‚Wir schwören den heidnischen Göttern ab und folgen dem Gott des Bischofs Remigius!' Am nächsten Tag ließ sich König Chlodwig taufen und viele Adlige folgten seinem Beispiel."

Ü a) *Nenne die Bedeutungen:* Quis? Cur? Ubi? Qualis? Cuius? Quem? Quomodo?
   Quantus? Quid? Quando? Quo? Uter? Quemadmodum?

---

[1] *pāgānus, -ī* der Heide   [2] *episcopus, -ī* Bischof

b) *Mache die folgenden Fragesätze abhängig von* Nos omnes scire volumus ... *und über-setze:* 1. Num Chlodovicus verba uxoris suae irrisit? 2. Nonne Sanctus Remigius Chlodovicum ad fidem Christianam convertit? 3. Coepitne Chlodovicus credere Deo?

c) *Fragen über Fragen! Mache die folgenden direkten Fragesätze von den in Klammern stehenden Ausdrücken abhängig und übersetze:*
1. Quid sentis? (Explica) 2. Quanti eam rem vendidit? (Quaero) 3. Quid sibi vult? (Non intellego) 4. Quanta est vis amicitiae? (Cognoscimus) 5. Quid, ubi, unde est animus? (Magna dissensio est) 6. Qualis est animus? (Cogitando vix intellegi potest)

d) *Welche lateinischen Wörter erkennst du in den folgenden Ausdrücken aus der Kirchen-sprache?* Konfession – Konfirmation – Kommunion – Vesper – Mission – Sakristei

e) *Merkwürdige Grabinschriften:*
1. Ego cum eo eo eo. 2. Iacet tacet placet. 3. Fumus humus sumus. 4. Tu, qui hic stas et legis: vivas, valeas, ames, ameris usque ad diem tuum.

f) *Ein PC ist nicht nur ein Personal Computer, sondern auch die Anrede der in die Senatorenliste eingetragenen römischen Senatoren:* Patres conscripti ...! *Versuche, für die folgenden Abkürzungen die volle lateinische Form zu finden:*

1. P.R.	– das Volk der Römer	2. R.P.	– öffentliche Angelegenheit
3. C und M	– Zahlzeichen	4. S.P.D.	– Briefanfang
5. S.C.	– Senatsbeschluss	6. S.P.Q.R.	– der römische Staat

g) *Ersetze die Verben durch Komposita von* esse *und übersetze:* 1. Superstitio omnibus hominibus nocet. 2. Verba prudentia omnibus utilia sint! 3. Divites pauperes *(Kasus!)* adiuvent! 4. Deus vitam *(Kasus!)* Christianorum rexit, regit, reget. 5. Seni non multum aetatis restabat.

Z Der Heilige Martin
Martino aliquando hieme per portam cuiusdam urbis transeunti pauper quidam nudus obviam venit. Qui cum a nullo ne minimum quidem donum accepisset, Martino eum adiuvare placuit. Arrepto gladio sagum[1], quod tantum ei supererat, dividit et pauperi alteram partem tribuens alteram rursus induit. Nocte sequente Martinus vidit Christum sagi[1] parte, quam pauperi dederat, vestitum esse. Qui angelis[2] circum-stantibus „Martinus", inquit, „me hac veste texit."

S Nicht nur im Bau- und Militärwesen oder im alltäglichen Leben übernahmen die Germa-nen Bezeichnungen aus dem Lateinischen. Auch die Missionare, Priester und Mönche übten durch die „Amtssprache Latein" Einfluss auf das Deutsche aus. Viele Wörter aus dem Kirchenleben gingen fast unverändert in die Sprachen der Germanen über: Aus der *domus Dei* wurde der Dom, aus dem *custos* der Küster, aus *praedicare* predigen. Manche Wörter wurden einfach in ihren lateinischen Bestandteilen übersetzt: *misericordia* wird zu (B)arm-herz-igkeit, *salvator* zu Heil -and, *conscientia* zu Ge-wissen. Einige Ausdrücke wurden aus dem Griechischen ins Lateinische und von dort ins Deutsche übernommen z. B. *episcopus* (Aufseher): Bischof. In vielen Jahrhunderten entlehnten sich die neuen Sprachen Begriffe aus dem Lateinischen. Auch heute noch werden viele technische Bezeichnungen aus lateinischen Wörtern gebildet (z. B. Radioaktivität, Computer).

---

[1] *sagum, -ī* Mantel [2] *angelus, -ī* Engel

39 Abhängige Fragesätze II
Wunschsätze

E 1. Cōnsīderāte, **(utrum)** facta **an** dicta in societāte hominum plūris sint!
   2. Lēgēs antīquae hominibus multum prōfuērunt.
     Quis dubitat, quīn lēgēs antīquae hominibus multum prōfuerint?
   3. **Velim** vōs omnēs mea verba **comprehendātis**!
   4. **Utinam** omnibus persuādēre **potuissem**!

Initiale B aus einem Psalter (um 790)

L **Deus aut Donar! Ein Kirchenmann greift zur Axt**

Willibrord und Hiltibrant, zwei Gefolgsleute des Bonifatius, begleiten den Missionar auf seinem Weg durch Germanien. Dort sucht er ein altes, dem Donar geweihtes Heiligtum auf. Hiltibrant ist nicht ganz wohl dabei, als Bonifatius an aufgeregten Heiden vorbei den Hügel ersteigt, auf dem die berühmte Donar-Eiche steht. Willibrord meint hingegen:

W.: „Ego bono animo sum. Heri comperimus, quemadmodum pagani[1] ad fidem Christianam se converterent. Omnes paene a Bonifatio baptizati[2] sunt."

H.: „At nunc laborem multo graviorem suscipere debebit. Nam isti inquirere volunt, utrum Deus noster an numina plus valeant. Non clam, sed aperte
5   arboribus et fontibus sacrificant, quasi eis numina quaedam insint. Res Bonifatii magnis in difficultatibus sunt."

W.: „Habe fiduciam! Non agitur, utrum victuri simus an perituri. Dubium mihi non est, quin Deus verus nobis adsit."

H.: „Ecce, Bonifatius quercum[3] mirae magnitudinis securi caedere temptat! Iam
10 quidam e Germanis vix retineri possunt, quin gladios stringant. Utinam domi mansissemus!"

W.: „Ne timueris! Dic, num homines superstitioni dediti et vim et voluntatem et auctoritatem legati Dei aequare possint."

H.: „Vae! Quercus[3] securi vix tacta nutat. Magna tempestas oritur. Barbari
15 nomen Christi devovent. Num Iuppiter Germanis aderit? Vellem Bonifatius numquam hunc locum adisset!"

W.: „Vide! Illa quercus[3] cécidit. Nam tempestas magna a Deo nostro missa est. Ecce, arbor fulmine tacta in quattuor partes scinditur ac dilabitur[4]. Fit nescio quomodo, ut omnes barbari procumbant et nomen Dei laudent."

---

[1] *pāgānus, -ī* der Heide   [2] *baptizāre* taufen   [3] *quercus, -ūs* f. Eiche   [4] *dīlābī* zerfallen

Ü a) *Mache die Fragesätze von den eingeklammerten Ausdrücken abhängig und übersetze:*
1. Placetne vobis illud factum Bonifatii? (Ego te rogo) 2. Nonne placuerunt vobis hae fabulae Christianae? (Scire volo) 3. Vultisne alteras fabulas legere? (Magister quaesivit) 4. Utrum fabulas magno cum gaudio an labore legistis? (Vos interrogo)

b) *Nichts als Wünsche! Verwandle die erfüllbar gedachten Wünsche für die Gegenwart in unerfüllbar gedachte Wünsche für die Vergangenheit und übersetze alle Wünsche eines eifrigen Missionars (Beispiel: Utinam adesse possis! – Utinam adesse potuisses!):*
1. Utinam Christiani veritatem semper cognoscant! 2. Utinam multi homines ad vitam integram convertantur! 3. Utinam mihi ignoscatis! 4. Velim numquam hunc locum adeas! 5. Velim domi maneas!

c) *Ein Gespräch vor Gericht. Übersetze:*
1. Ad tertiam horam magna multitudo hominum in forum convenit. 2. Paucis diebus ante scelus turpe incolas capitis sollicitavit. 3. Quis hoc scelus turpe commisit? 4. Quis vestrum hoc vidit? 5. Uter id audivit? 6. Uterque nostrum hoc audivit. 7. Sed neuter hoc vidit oculis suis. 8. Alii alia vident. 9. Alter alterum accusat.

d) *Fremdsprachen beherrschen die Zukunft. Übersetze:* 1. Linguae non solum nostris temporibus multum valent, sed etiam in posterum utiles sunt. 2. Scientia linguarum alienarum semper toto orbe terrarum multum valuit. 3. Hodie quoque multi homines litterarum Latinarum periti sunt. 4. Multi lingua Graeca et lingua Latina utuntur.
Da es daran keinen Zweifel gibt, kannst du die Sätze abhängig machen von Dubitari non potest ...

Z Bonifatius steht zu seinem Glauben
Cum vitae Bonifatii finis appropinquaret, non solum viros et feminas, sed etiam pueros et puellas loco sacro convenire iussit, ut animos Christianorum confirmaret. Cum autem constituto die sol oreretur, non amici, sed inimici advenerunt. Sed Bonifatius suos pugnare vetuit: „Deponite", inquit, „adulescentes, arma! Iam enim dies diu desideratus adest, et tempus mortis meae venit. Moriar! Utinam spem vestram in Deo ponatis! Dubium non est, quin animas vestras liberaturus sit!" Hostes ira incensi Christianos et Bonifatium gladiis aggressi sunt et interfecerunt.

S Als das Weströmische Reich in den Wirren der Völkerwanderungszeiten unterging, hörte das Lateinische auf, eine gesprochene Sprache zu sein. Denn die Umgangssprache, das Vulgärlatein, bildete im Laufe der Zeit einzelne Dialekte heraus, aus denen wiederum später die romanischen Sprachen wurden (z. B. Spanisch, Französisch). In den Schulen und den Universitäten des Mittelalters aber wurde das Lateinische weitergepflegt. Vorlesungen wurden lateinisch gehalten, und so unterhielten sich die Schüler auch mit ihrem Lehrer. Du kannst aber jetzt schon selbst eine Menge Latein: Wie wäre es einmal mit einem lateinischen Gespräch in deiner Klasse?

40

L Karl der Große, Vater Europas

Am Abend des Weihnachtstages 800 n. Chr. fand in Rom ein großer Empfang zu Ehren des fränkischen Königs statt. Aber Karl der Große war an diesem Tag schon mehr als ein König. Was war passiert?

Carolus rex regno Francorum confirmato opes tantopere auxit, ut fundamentum imperii novi poneret. Nam ab Oceano usque ad Albim flumen, a finibus Germaniae usque ad fines Italiae omnes gentes ad occidentem solem versas rexit, postquam et Baiuvarios saevos et Saxones in suam dicionem redegit. Sed
5 utrique populo pepercit; gentes pace sibi conciliare studuit. Quae dum geruntur, urbs Roma, sedes Leonis papae[1], maximis discordiis percellebatur. Itaque Leoni, cui neque satis virium neque auxiliorum suppetebat, succurrere maturavit. Carolus enim sedem apostolicam[2] quibusdam ludibrio esse noluit. Ecclesiam[3] Sancti Petri non solum tutatus est, sed ita opibus suis ornavit, ut basilica[4] pulchrior
10 fieret ceteris aedibus.

Ein Augenzeuge berichtet weiter:

Hodie, die sanctissimo natali Domini, basilicam[4] ingressus est, ut coram militibus ac sacerdotibus Deum precaretur[5]. Tum Leo papa[1] ipse coronam regi inopinanti imposuit. Carolus hac re permotus primo dubitavit, quid faceret. Dicitur haec professus esse: „Utinam ne ecclesiam[3] hoc die intravissem! Consilium Pontificis
15 Maximi ignoravi. Mihi persuasum est ex hoc maximam discordiam inter reges et papas[1] fieri. Alter enim alteri coronam, insigne imperii, imponere volet."

Tamen coronam non contempsit, nam ab universo populo quasi una voce celebratus est: „Carolo Augusto a Deo coronato[6], magno imperatori, vitam et victoriam!"

20 Tum quidam dixerunt: „Posthac Carolus Magnus nominabitur more antiquorum principum Augustus et Imperator imperii Romani."

---

[1] *pāpa, -ae* Papst [2] *apostolicus, a, um* apostolisch [3] *ecclēsia, -ae* Kirche [4] *basilica, -ae* Halle
[5] *precārī* hier: anbeten [6] *corōnāre* krönen

S Karl der Große ist eine der größten Persönlichkeiten des Abendlands. Seine Idee vom christlichen Herrscher, der seine Untertanen schützt und sie in einem Reich ohne Krieg nach ihren Fähigkeiten leben lässt, machte ihn zum Vorbild für viele Staatenlenker in Europa. Er wollte das antike Erbe, die Literatur und Kultur der Römer mit der Tradition der germanischen Völker verbinden. Damit bestimmte er die Entwicklung der späteren Staaten Frankreich und Deutschland. Beide Völker berufen sich auf ihn als ihren Ahnherrn. Heute nennt man ihn deshalb gerne den „Vater Europas".
Die Stadt Aachen (gegenüber: Die Pfalzkapelle) hat sogar einen nach ihm benannten „Karlspreis" gestiftet, der engagierten Europäern verliehen wird. Erkundige dich, wer diesen Preis im vergangenen Jahr erhalten hat!

Anhang: Christliche Texte im Jahreslauf

Die Weihnachtsgeschichte

Factum est autem in diebus illis: exiit edictum a Caesare Augusto, ut describere-tur[1] universus orbis. Et ibant omnes, ut profiterentur, singuli in suam civitatem. Ascendit autem et Ioseph de civitate Nazareth in Iudaeam, in civitatem David, quae vocatur Bethlehem, quod esset de domo et familia David, cum Maria
5 desponsata[2] sibi uxore praegnante[3]. Factum est autem, cum essent ibi: impleti sunt dies, ut mulier pareret.

Et peperit filium et pannis[4] eum in-volvit et reclinavit[5] eum praesaepio[6], quia non erat eis locus in diversorio[7]. Et pastores erant in regione eadem vigilantes et custodientes vigilias noctis super gregem suam. Et ecce, angelus Domini stetit
10 iuxta illos, et claritas Dei circumfulsit[8] illos; et timuerunt timore magno. Et dixit illis angelus: „Nolite timere! Ecce enim evangelizo[9] vobis gaudium magnum, quod erit omni populo: Natus est vobis hodie Salvator, qui est Christus Dominus, in civitate David. Et hoc vobis signum: Invenietis infantem[10] pannis[4] in-volutum et positum in praesaepio[6]. Et subito facta est cum angelo multitudo militiae coelestis
15 laudantium Deum et dicentium: „Gloria in altissimis Deo, et in terra pax hominibus bonae voluntatis!"

Christus vor Pontius Pilatus

Pilatus, convocatis principibus sacerdotum et magistratibus et plebe, dixit ad illos: „Obtulistis mihi hunc hominem, quasi avertentem populum. Et ecce, ego coram vobis interrogans nullam causam inveni ex his, in quibus eum accusatis. Sed neque Herodes. Nam remisi vos ad illum, et ecce, nihil dignum morte actum est ab eo.
5 Necesse autem habebat[11] dimittere eis per diem festum unum captivum. Ex-clamavit autem simul universa turba: „Tolle hunc et de-mitte nobis Barabbam!" Qui erat propter seditionem quandam factam in civitate missus in carcerem. Iterum autem locutus Pilatus est ad eos, volens dimittere Iesum. At illi clamabant dicentes: „Crucifige, crucifige eum!" Ille autem tertio[12] dixit ad illos:
10 „Quid enim mali fecit iste? Nullam causam mortis invenio in eo. Corripiam[13] illum et de-mittam." At illi instabant vocibus magnis postulantes, ut cruci affigeretur. Et Pilatus iudicavit fieri petitionem[14] eorum. Di-misit autem illis eum, qui propter seditionem missus fuerat in carcerem. Iesum vero tradidit voluntati eorum.

---

[1] *dēscrībere* sich in eine Steuerliste einschreiben lassen   [2] *dēspōnsātus* verlobt
[3] *praegnāre* schwanger sein, vor der Geburt stehen   [4] *pānnae, -ārum* Windeln
[5] *rēclīnāre* hier: *pōnere*   [6] *praesaepium* Krippe   [7] *dīversōrium* hier: *taberna*
[8] *circumfulsit* er hat umleuchtet, umstrahlt   [9] *evangelizō* ich verkünde
[10] *īnfāns, -antis* Kind, Baby   [11] *necesse ... habebat ~ debebat*   [12] *tertiō* zum dritten Mal
[13] *corripere* hier: peitschen   [14] *petītiō, -ōnis* Bitte, Anliegen

Christus erscheint seinen Jüngern

Zwei Jünger haben auf ihrem Weg nach Emmaus mit dem auferstandenen Christus sprechen können. Sie eilen nach Jerusalem zurück.

Ibi invenerunt congregatos[1] undecim et eos, qui cum illis erant, dicentes: „Surrexit dominus!" Et ipsi narrabant, quae gesta essent in via et quomodo cognovissent eum.

Dum autem haec loquuntur, stetit Iesus in medio eorum et dicit eis: „Pax vobis!
5 Ego sum, nolite timere! Quid turbati estis? Videte manus meas et pedes. Spiritus carnem et ossa non habet. Me videtis (illud) habere." Et cum hoc dixisset, ostendit eis manus et pedes.

Himmelfahrt

Accedens Iesus locutus est eis dicens: „Data mihi est omnis potestas in coelo et in terra. Euntes ergo docete omnes gentes, baptizantes[2] eos in nomine Patris et Filii et Spiritus Sancti, docentes eos servare omnia, quae mandavi vobis. Et ecce, ego vobiscum sum omnibus diebus usque ad consummationem[3] saeculi.
5 Et factum est, dum benediceret[4] illos, re-cessit ab eis et ferebatur in coelum. Et ipsi ad-orantes regressi sunt in Ierusalem cum gaudio magno et erant semper in templo laudantes et benedicentes[4] Deum.

Das Vaterunser

Et factum est, cum esset in quodam loco orans: dixit unus ex discipulis eius: „Domine, doce nos orare, sicut docuit et Iohannes discipulos suos." Et ait illis: „Cum oratis, dicite: Pater noster, qui es in caelis, sanctificetur nomen tuum, adveniat regnum tuum, fiat voluntas tua sicut in caelo et in terra. Panem nostrum
5 quotidianum da nobis hodie et di-mitte nobis debita nostra sicut et nos di-mittimus debitoribus nostris. Et ne nos inducas in tentationem, sed libera nos a malo. Quia tuum est regnum et potestas et gloria in saecula. Amen."

---

[1] *congregati* hier: ~ *discipuli* [2] *baptizāre* taufen [3] *cōnsummātiō, -ōnis* Ende, Untergang
[4] *benedīcere* segnen, rühmen

WORTSCHATZ

Zahlenangaben in Klammern verweisen auf die entsprechenden Abschnitte in der ROMA-Grammatik von Lindauer/Pfaffel (LP) und in der Lateinischen Grammatik von Bayer/Lindauer (BL). Die Wörter sind nach Wortarten gegliedert und innerhalb dieser Gliederung in der Reihenfolge ihres Vorkommens in den Kapiteln aufgelistet. Der 1. Teil enthält die neuen Wörter zu E und L (1. Hälfte), der 2. Teil die weiteren neuen Wörter zu L (2. Hälfte) und (durch eine Linie abgesetzt) zu Ü.

1 **Relative Satzverknüpfung** (BL 178.2 // LP 34; 191)

rapīna (rapere, raptāre)	Raub, Raubzug
trādūcere	hinüberführen, über-setzen (z. B. über einen Fluss)
trādūcō, trādūxī, trāductum	
causā *(Präp. m. Gen.)*	wegen, um ... willen
exemplī causā	beispielshalber
nebula	Nebel, Dunst (Pl.: Nebelschwaden)
occāsus, -ūs (sōlis)	(Sonnen-)Untergang; Westen
(occidere)	
dēnsus, a, um	dicht, gehäuft
aestimāre	einschätzen, beurteilen, halten für
longē *(Adv.)*	weithin, bei weitem
magnopere *(Adv.)*	sehr
quīn etiam	ja sogar
remedium	Heilmittel
patiēns, -entis (patientia)	geduldig, fähig zu ertragen *(Patient)*
prōdūcere	vorführen, hervorbringen *(produzieren)*
prōdūcō, prōdūxī, prōductum	

Wendungen:

quā dē causā / quā rē / quam ob rem	deshalb, aus diesem Grund
quae cum ita sint	da dies so ist, unter diesen Umständen
quō in genere	auf diese Art

2 **Deponentia der ā-Konjugation** (BL 85–88 // LP 53)

pueritia (puer)	Kindheit, Jugend(alter)
ā pueritiā	von Kindheit an
agricultūra (ager/colere)	Ackerbau
palūs, -ūdis *f.*	Sumpf

horridus, a, um (horrēre)	rau, schrecklich
venerārī	verehren
morārī (mora)	verweilen, (sich) aufhalten
(co-)hortārī	ermutigen, anfeuern
arbitrārī (arbiter)	meinen, glauben
contemplārī (templum)	betrachten
versārī (vertere)	sich aufhalten, sich beschäftigen
in rē pūblicā versārī	sich politisch betätigen
vēnārī	jagen
opīnārī (opīniō)	meinen, glauben
miserārī (miser)	beklagen, bedauern *(miserabel)*
moderārī (modus)	(m. Akk.) lenken *(Moderator)*, (m. Dat.) mäßigen
vagārī	umherziehen, sich verbreiten *(Vagabund)*
aspernārī (spernere)	verschmähen, zurückweisen
glōriārī (glōria)	sich rühmen, prahlen
ictus, -ūs	Hieb, Stoß, Schuss
comitārī (comes)	begleiten
cūnctārī	zögern, zaudern
percontārī	untersuchen, sich erkundigen
tamquam	gleichwie, wie

3 Deponentia der ē-Konjugation (BL 85–88/90 Nr. 55–60 // LP 53; 56)

hospitium (hospes)	Gastfreundschaft; Herberge *(Hospital)*
aliquem hospitiō recipere	jmd. gastfreundlich aufnehmen, beherbergen
intuērī	anschauen, betrachten
intueor *(ohne Perf.)*	
tuērī (tūtus)	im Auge haben, schützen
tueor *(ohne Perf.)*	
verērī	scheuen, fürchten, verehren
vereor, veritus sum	
tūtārī (a/ab)	schützen (vor) *(Tutor)*
dominārī (dominus)	herrschen *(dominieren)*
admīrārī (admīrātiō)	bewundern
obtestārī (testis)	beschwören, als Zeugen anrufen
terrērī	erschrecken (intrans.)
āiō/ait	ich sage/er sagt
spoliāre	berauben, ausplündern
vādere *(ohne Perf.)*	gehen, schreiten
poenās dare	bestraft werden
minae, -ārum	Drohungen

summus mōns	der Gipfel des Berges
iugum	Joch, Bergrücken
merērī	verdienen
bene merērī dē	sich verdient machen um
profitērī (fatērī)	(öffentlich) erklären, angeben, bekennen
profiteor, professus sum	*(Professor)*

fatērī	gestehen, bekennen
fateor, fassus sum	

4 Deponentia der ī-Konjugation (BL 85–88/91 Nr. 8, 13–21 // LP 53; 57)

largīrī	schenken, spenden
largior, largītus sum	
assentīrī (sentīre)	beistimmen, zustimmen
assentior, assēnsus sum	
sortīrī (sors)	(aus)losen, erlangen *(Sortiment)*
sortior, sortītus sum	
mentīrī (mēns)	lügen, vorspiegeln (eigtl.: sich ausdenken)
mentior, mentītus sum	
potīrī *(m. Abl.)*	sich bemächtigen (einer Sache)
potior, potītus sum	
recordārī (cor)	sich erinnern (an) *(Recorder)*
suspicārī (suspiciō)	ahnen, vermuten
quidem *(Adv.)*	freilich, gerade, allerdings, zwar

vātēs, -is *m./f.*	Seher(in), Prophet(in)
refertus, a, um	dicht (gedrängt), vollgestopft, gefüllt
permulti, ae, a	sehr viele
cōnsulere (cōnsul)	(m. Akk.) beraten, befragen, um Rat fragen;
cōnsulō, cōnsuluī, cōnsultum	(m. Dat.) sorgen für
cōnsulere in aliquem	gegen jmd. vorgehen
ōrdīrī	anfangen, beginnen
ōrdior, ōrsus sum	
concurrere (concursus)	zusammenlaufen, -stoßen *(Konkurrenz)*
concurrō, concurrī, concursum	
experīrī (perītus)	versuchen, erfahren *(Experiment)*
experior, expertus sum	
rērī (ratiō)	(be)rechnen, meinen
reor, ratus sum	
dēdicāre	weihen, widmen
sub monte	am Fuße des Berges

5 **Deponentia der konsonantischen Konjugation**
und mit Präsensstamm auf -sc
(BL 85–88/92 Nr. 120–128, 133–139 // LP 53; 61.1 und 3)

aequālis, -is (aequus)	Gleichaltriger, Zeitgenosse
prōdigium	Wunderzeichen, (schlimmes) Vorzeichen, Ungeheuer
querī	klagen, sich beklagen *(Querulant)*
queror, questus sum	
proficīscī (facere)	aufbrechen, (ab)marschieren
proficīscor, profectus sum	
loquī	sprechen, reden *(Kolloquium)*
loquor, locūtus sum	
pollicērī	versprechen
polliceor, pollicitus sum	
dēfungī (vītā)	erledigen, sterben
dēfungor, dēfūnctus sum	
oblīvīscī *(m. Gen.)*	vergessen
oblīvīscor, oblītus sum	
miserērī *(m. Gen.)*	sich erbarmen
misereor, miseritus sum	
plācāre	glätten, besänftigen
fruī *(m. Abl.)*	genießen *(Frucht)*
fruor *(ohne Perf.)*	
sequī *(m. Akk.)*	folgen *(Sequenz)*
sequor, secūtus sum	
interim *(Adv.)*	inzwischen *(Interimslösung)*
dēpellere	vertreiben
dēpellō, dēpulī, dēpulsum	
ulcīscī	(sich) rächen, strafen
ulcīscor, ultus sum	
ulcīscī inimīcōs	sich an den Feinden rächen
ulcīscī iniūriam	sich für ein Unrecht rächen
ūtī *(m. Abl.)*	gebrauchen, benutzen
ūtor, ūsus sum	
dētrahere	herabziehen, wegnehmen
dētrahō, dētrāxī, dētractum	
lābī	gleiten, stürzen *(labil)*
lābor, lāpsus sum	
adorīrī *(ī-Konj.)*	angreifen, sich an etw. machen
adorior, adortus sum	

exsequī	ausführen, vollziehen
exsequor, exsecūtus sum	
haud	nicht
haud rārō	nicht selten

imitārī	nachbilden, nachahmen *(Imitation)*
obesse	schaden
obsum, obfuī (offui)	

6 Deponentia der konsonantischen Konjugation mit Präsensstamm auf -ĭ
(BL 85–88/92 Nr. 129–132 // LP 53; 61.2)

mandātum (mandāre)	Auftrag, Befehl *(Mandat)*
orīrī	entstehen, sich erheben, abstammen *(Orient)*
orior, ortus sum	
ingredī (gradī)	einherschreiten, betreten
ingredior, ingressus sum	
morī (mors)	sterben
morior, mortuus sum	
patī	leiden, dulden, zulassen *(Patient, passiv)*
patior, passus sum	
ēgredī (gradī)	heraus-, hinausgehen
ēgredior, ēgressus sum	
fungī *(m. Abl.)*	verrichten, verwalten *(Funktion)*
fungor, fūnctus sum	
sepelīre	bestatten, begraben
sepeliō, sepelīvī, sepultum	
cōnfitērī (fatērī)	gestehen, bekennen *(Konfession)*
cōnfiteor, cōnfessus sum	
oportet	es gehört sich, es ist dienlich
decet (decus)	es schickt sich, es passt *(dezent)*
cognātus	Verwandter (Blutsverwandter)
tyrannus	Tyrann, Gewaltherrscher
caelestis, e (caelum)	himmlisch
aggredī (gradī)	herangehen, angreifen *(Aggression)*
aggredior, aggressus sum	
prōgredī (gradī)	vorrücken (sich versteigen zu) *(progressiv)*
prōgredior, prōgressus sum	
adipīscī	erreichen, erringen
adipīscor, adeptus sum	
nāscī	geboren werden, entstehen *(Natur)*
nāscor, nātus sum	

nītī *(m. Abl.)*	sich stützen, streben
nītor, nīsus/nīxus sum	

7 **Adjektivische und substantivische Attribute** (BL 105–106 // LP 84)

pulchritūdō, -inis (pulcher)	Schönheit
dīmidium (medius)	Hälfte
vēlōx, -ōcis	schnell
cōnārī	versuchen, (einen Versuch) unternehmen
frēnum	Zügel
(Pl. frēna oder frēnī)	
spatium	Bahn, Zwischenraum, Zeitraum *(spazieren)*
perfidus, a, um (perfidia)	treulos
cōnscius, a, um (scīre)	mitwissend, bewusst; Subst.: Mitwisser
mōlīrī (mōlēs)	in Bewegung setzen, unternehmen *(de-molieren)*
mōlior, mōlītus sum	
deinceps *(Adv.)*	der Reihe nach
reliquīs deinceps diēbus	an den übrigen folgenden Tagen
quīntō quōque (quisque) annō	alle vier Jahre (in jedem fünften Jahr)

fulmen, -inis	Blitz
rēs gestae (gerere)	Taten

Wendung:

victōriam párere ex aliquō	den Sieg über jmd. erringen

8 **fierī** (BL 97 // LP 63)

fierī	werden, geschehen, gemacht werden
fīō, factus sum	
indūtiae, -ārum	Waffenstillstand, Waffenruhe
assiduus, a, um (sedēre)	beständig, fleißig
silēre (silentium)	schweigen
sileō, siluī	
quam *(beim Superlativ)*	möglichst
quam plūrimī	möglichst viele
quam sevērissimē	möglichst streng
olīva	Olive; Ölbaum, Ölzweig
illūstris, e (lūx)	hell, klar; berühmt *(Illustrierte)*
fierī alicuius	jmds. Eigentum werden

colloquī	sich unterreden, besprechen *(Kolloquium)*
colloquor, collocūtus sum	
mētīrī	(ab-)messen, bemessen
mētior, mēnsus sum	

Wendungen:

bene facere, quod	gut daran tun, dass
bene fit, quod	es trifft sich gut, dass
aliquem certiōrem facere dē	jmd. benachrichtigen über

9 Ablātīvus absolūtus (mit Partizip) (BL 166.1/3 // LP 137; 139)

contumēlia	Beleidigung, Schmach
flāgitium	Schande, Schandtat
praeceptum (praecipere)	Weisung, Lehre, Vorschrift
particeps, -ipis *(m. Gen.)*	teilhaftig, beteiligt *(Partizip)*
convocāre	zusammenrufen
trānsgredī (gradī)	überschreiten
trānsgredior, trānsgressus sum	
vigilāre	wachen, wachsam sein
coetus, -ūs (coīre)	Zusammenkunft, Versammlung
līmen, -inis	Schwelle
virīlis, e (vir)	männlich, mannhaft
indignārī (indignus)	sich empören, sich entrüsten *(indigniert)*
reportāre	zurückbringen, melden *(Reporter)*
victōriam reportāre	einen Sieg erringen
complectī	umfassen, umarmen *(Komplex)*
complector, complexus sum	
absolvere	vollenden, freisprechen *(Absolvent, absolut)*
absolvō, absolvī, absolūtum	
cōnsilium inīre	einen Plan fassen

10 Ablativus absolutus (mit Partizip von Deponentien) (LP 137; 139)

exspectātiō, -ōnis	Erwartung
intentus, a, um (tendere)	(an)gespannt, eifrig
frequēns, -entis	zahlreich, häufig *(Frequenz)*
sollicitus, a, um	erregt, beunruhigt, besorgt
dēficere (facere)	ausgehen, fehlen; abfallen (von) *(defekt)*
dēficiō, dēfēcī, dēfectum	
animō dēficere	den Mut sinken lassen
cōnsecrāre	weihen
inceptum (incipere)	Beginn, Vorhaben
fīdūcia (fīdus)	Vertrauen, Zuversicht
fīdūcia suī	Selbstvertrauen
meditārī	nachdenken, sinnen (auf) *(meditieren)*
cōnfīdere *(Perf. in Bd. IV)*	vertrauen, trauen

interest	es ist wichtig, es ist ein Unterschied
irrīdēre	verlachen, verspotten
irrīdeō, irrīsī, irrīsum	
nequīquam *(Adv.)*	vergeblich

persequī	verfolgen, folgen
persequor, persecūtus sum	

11 Ablativus absolutus (mit Substantiv oder Adjektiv) (BL 166.2 // LP 138)

frīgus, -oris *n.* (frīgidus)	Kälte, Frost
sōlitūdō, -inis (sōlus)	Einsamkeit, Einöde
amnis, -is *m.*	Strom, Fluss
rīpa	Ufer
bēlua	Tier, Untier
invītus, a, um	gegen den Willen, ungern
īnfīnītus, a, um (fīnīre)	unendlich, grenzenlos
eximius, a, um (emere)	ausnehmend, außerordentlich
cōnfectus, a, um (cōnficere)	fertig, erschöpft
assequī	einholen, erreichen
assequor, assecūtus sum	

ēloquentia (loquī)	Beredsamkeit
īgnārus, a, um	unkundig, ohne Kenntnis
nancīscī	erlangen, erreichen
nancīscor, nanctus/nactus sum	
cōnsequī	folgen, erreichen *(konsequent)*
cōnsequor, cōnsecūtus sum	

Wendungen:

	praesentibus	in Anwesenheit	
	absentibus	in Abwesenheit	
amīcis	invītīs	gegen den Willen	der Freunde
	īgnārīs	ohne Wissen	
	auctōribus	auf Veranlassung	

12 Prädikativum (BL 107 // LP 85)

rītus, -ūs	religiöser Brauch; Sitte, Art *(Ritual)*
cultus, -ūs (colere)	Pflege, Verehrung, Lebensweise *(Kultur)*
incolumis, e	unversehrt, heil
peregrīnus, a, um (ager)	fremd, ausländisch
invītāre	einladen, auffordern

obsequī obsequor, obsecūtus sum	nachgeben, gehorchen
coniugium (iungere)	Ehe
dīversus, a, um (vertere)	entgegengesetzt, verschieden, in verschiedener Richtung
patrius, a, um	väterlich, heimisch
īgnāvia (īgnāvus)	Untätigkeit, Feigheit
salvus, a, um (salūs)	heil, wohlbehalten, unverletzt
timidus, a, um (timēre)	furchtsam, ängstlich
inopīnāns, -antis (opīnārī)	ahnungslos
admodum *(Adv.)*	völlig, ganz, sehr
sicut	sowie, wie

13 velle – nōlle – mālle (BL 95 // LP 66); nōlī/nōlīte (BL 175.1)

velle (voluntās) volō, voluī	wollen
nōlle nōlō, nōluī	nicht wollen
mālle mālō, māluī	lieber wollen
populārēs, -ium	Popularen, Anhänger der Volkspartei
optimātēs, -um *bzw.* -ium	Optimaten, Aristokraten
aequitās, -ātis (aequus)	Gleichheit, Gerechtigkeit
dissēnsiō, -ōnis	Meinungsverschiedenheit, Streit
sēditiō, -ōnis (īre)	Zwist, Aufstand
īnstitūtum (īnstituere)	Einrichtung, Sitte, Brauch *(Institut)*
decemvir	Decemvir (Mitglied eines Zehnmännerkollegiums)
aliter *(Adv.)*	anders, sonst
damnum	Schaden, Verlust

antepōnere
  antepōnō, anteposuī,
  antepositum
	voranstellen, vorziehen

excūsāre (accūsāre)	entschuldigen

14 Akkusativ bei transitiven Verben (BL 110 // LP 89.1–3, 6)
Akkusativ bei Verben der Gefühlsäußerung (BL 111 // LP 89.5)

complexus, -ūs (complectī)	Umarmung
hostīlis, e (hostis)	feindlich, feindselig
paternus, a, um	väterlich, (vom Vater) ererbt

110

minārī (minae)	drohen, androhen
pudet (pudor)	es beschämt
puduit	
pudet mē alicuius reī	ich schäme mich wegen einer Sache
paenitet	es reut, es enttäuscht
paenituit	
paenitet mē alicuius reī	ich bereue etwas, ich bin unzufrieden mit etwas
dētrīmentum (terere)	Verlust, Schaden
interitus, -ūs (interīre)	Untergang
status, -ūs (stāre)	Zustand, Verfassung *(Staat)*
flētus, -ūs (flēre)	das Weinen
discrīmen, -inis (discernere)	Unterschied; Entscheidung, Gefahr
gemere	stöhnen, seufzen
gemō, gemuī	
lūgēre	trauern, betrauern
lūgeō, lūxī	
stupēre	stutzen, staunen
stupeō, stupuī	

15 Akkusativ der Person und der Sache (BL 114 // LP 90)
Akkusativ als inneres Objektiv und adverbialer Akkusativ (BL 113 // LP 92)

castellum (castra, -ōrum)	kleines Lager, Kastell
iūniōrēs, -um	junge Männer (bis zum 45. Lebensjahr)
obses, obsidis	Geisel
cūria	Kurie (Rathaus des Senats)
iūs iūrandum, iūris iūrandī	Eid, Schwur
trāicere (iacere)	hinüberbringen
trāiciō, trāiēcī, trāiectum	
remittere	zurückschicken, nachlassen
remittō, remīsī, remissum	
proinde *(Adv.)*	daher; ebenso
cāritās, -ātis (cārus)	Liebe, Teuerung
supplicium	Bitt-, Dankgebet; (Todes-)Strafe
cōnstantia (cōnstāns)	Beständigkeit, Ausdauer, Standhaftigkeit
complūrēs, -ium	mehrere
prīscus, a, um	alt, altehrwürdig
affirmāre	bekräftigen, behaupten
obligāre	verbinden, verpflichten
temperantia	Mäßigung, Selbstbeherrschung

Wendungen:

Quid vēnistī?	Warum bist du gekommen?
Quid mē interrogās?	Wonach fragst du mich?
Hoc tibi assentior.	Darin stimme ich dir zu.
Id tē moneō.	Dazu fordere ich dich auf.
malam servitūtem servīre	in schlimmer Unterdrückung leben
cōnsilium inīre	einen Plan fassen
labōrēs subīre	Anstrengungen auf sich nehmen
senātum adīre	sich an den Senat wenden
(mortem) obīre	sterben
amīcum praeterīre	einen Freund übergehen

16 **Akkusativ des Objekts und des Prädikatsnomens** (Wh.) (BL 115 // LP 91)
Akkusativ der Ausdehnung und der Richtung (Wh.) (BL 116–117 // LP 93–94)

centuriō, -ōnis (centum)	Hauptmann (einer Hundertschaft)
praefectus	Befehlshaber
nota	Merkmal, Zeichen; Rüge *(Note)*
contiō, -ōnis	Volksversammlung, Heeresversammlung
sēcrētus, a, um (cernere)	gesondert, abgelegen, geheim *(Sekretär)*
sēcrētō *(Adv.)*	
cottīdiānus, a, um	täglich, alltäglich
vectīgālis, e	steuerpflichtig
fugāre	in die Flucht schlagen, vertreiben
fundere ac fugāre	völlig besiegen, vernichtend schlagen
grātulārī	beglückwünschen, danken, Glück wünschen *(gratulieren)*
laetitia (laetus)	Freude, Fröhlichkeit
nix, nivis *f.*	Schnee
nīmīrum *(Adv.)*	allerdings, natürlich
dictātor (dīcere, dictāre)	Diktator
inānis, e	leer, nichtig

Wendungen:

sententiam aliquem rogāre	jmd. (bei der Abstimmung) um seine Meinung fragen
praemium aliquem (*oder* ab aliquō) poscere	eine Belohnung von jemand verlangen

17 **Dativ als Objekt** (BL 118–120 // LP 95)

colloquium (loquī)	Unterredung, Gespräch
incommodum	Nachteil, Unglück

tranquillitās, -ātis	Ruhe
mūtuus, a, um (mūtāre)	gegenseitig
vānus, a, um	nichtig, eitel
congredī (gradī)	zusammenstoßen, kämpfen; zusammenkommen
congredior, congressus sum	*(Kongress)*
repūgnāre	widerstehen, widersprechen
honestās, -ātis (honestus)	Ehre, Ansehen, Anstand
fraus, -dis *f.*	Betrug, Täuschung
nefārius, a, um (nefās)	frevelhaft, verrucht
fallit (mē)	es entgeht (mir)
afflīgere	niederschlagen
afflīgō, afflīxī, afflīctum	
succurrere	zu Hilfe eilen
succurrō, succurrī, succursum	
inicere (iacere)	hineinwerfen, einjagen *(Injektion)*
iniciō, iniēcī, iniectum	
secundum *(Präp. m. Akk.)*	entlang, gemäß
(sequī)	
quoniam	weil (schon), da ja

subvenīre	zu Hilfe kommen, abhelfen
subveniō, subvēnī, subventum	

Wendungen:

fidem habēre	Glauben, Vertrauen schenken
mihi persuāsum est	ich bin überzeugt

18 **Dativ des Vorteils** (BL 121 // LP 96)
Dativ des Zweckes (Wh.) (BL 123 // LP 98)

cognōmen, -inis (nōmen)	Beiname
tribūnus	Tribun
aerārium (aes)	Staatskasse
probrum	Vorwurf, Schande
diciō, -ōnis (dīcere)	Abhängigkeit, Gewalt
in diciōnem suam redigere	in seine Gewalt bringen
prōvidēre	(m. Akk.) vorhersehen;
prōvideō, prōvīdī, prōvīsum	(m. Dat.) vorsorgen, sorgen für *(Provision)*
temperāre	(m. Akk.) ordnen, leiten;
	(m. Dat.) schonen, mäßigen *(Temperament)*
temperāre ab iniūriā	sich von Unrecht fernhalten
memorāre (memor)	erwähnen, berichten

113

quaestiō, -ōnis (quaerere)	Frage, Untersuchung
cliēns, -entis	Klient, Abhängiger
rōstra, -ōrum	Rednerbühne
subsidium (sedēre)	Hilfe
vulgus, -ī **n.**	Volksmasse, Menge *(vulgär)*
immolāre	opfern

commodum	Bequemlichkeit, Vorteil
sē gerere	sich verhalten
sollicitāre (sollicitus)	beunruhigen, aufwiegeln

Wendungen:

diem quaestiōnī cōnstituere	einen Tag für die Untersuchung festsetzen
subsidiō venīre	zu Hilfe kommen

19 **Pronominaladjektive:** tōtus, alter (Wh.) – uter, neuter, ūllus, nūllus (BL 61 // LP 36.2, 6; 37)
Indefinitpronomen: uterque (BL 60.3 // LP 37)

uter?	wer (von zweien)?
uterque	jeder (von zweien)
neuter	keiner (von zweien) *(neutral)*
ūllus, a, um	irgendeiner
clēmentia	Milde
prāvus, a, um	verkehrt, schlecht
perturbāre (turba)	verwirren, stören
dīrimere (emere)	trennen
dīrimō, dīrēmī, dīrēmptum	
sīve ... sīve	sei es (dass) ... oder (dass)
potius *(Adv.)*	lieber, vielmehr, eher
furere (furor)	rasen, wüten
furō *(ohne Perf.)*	
ēmendāre	verbessern

necessitās, -ātis (cēdere)	Notwendigkeit, Notlage
tantum labōris	soviel Mühe, Mühsal
ultrō *(Adv.)* (ultrā)	überdies, freiwillig

Wendungen:

ē mediō tollere	aus dem Weg räumen
id studēre, ut	sich darum bemühen (darauf abzielen), dass

20 **Indefinitpronomina:** (ali-)quis (Wh.), quisquam, quīdam (Wh.), (ūnus-)quisque, quīvīs, quīlibet (BL 60.1–3 // LP 36.1–5; 40)

quisque	jeder
ūnusquisque	jeder (Einzelne)
quīvīs	jeder Beliebige
quīlibet	jeder Beliebige
praedium	Grundstück, Landgut
dēgere (agere)	(das Leben) verbringen, leben
dēgō *(ohne Perf.)*	
vindicāre	beanspruchen, befreien, bestrafen
in lībertātem vindicāre	befreien
neque quisquam	und niemand
penes *(Präp. m. Akk.)*	bei, im Besitz von jdm.
prōrsus *(Adv.)*	geradezu, völlig
lār, lăris	Lar, Schutzgottheit
libīdō, -inis (libenter)	Begierde, Lust
luxus, -ūs	Genusssucht, Ausschweifung, Luxus
luxuriōsus, a, um	ausschweifend
proprius, a, um	eigen, eigentümlich, wesenhaft
prōnūntiāre	verkünden, bekannt machen
cōnflīgere	kämpfen *(Konflikt)*
cōnflīgō, cōnflīxī, cōnflīctum	
quō ūsque tandem?	wie lange noch?

21 **Gerundium** (BL 162 // LP 45.2; 128)

pāgus	Gau, Gemeinde
cupīdō, -inis (cupere)	Begierde, Trieb
fluctus, -ūs (fluere)	Flut, Woge
dīmicāre	kämpfen
inundāre (unda)	überschwemmen
trepidāre	hasten, aufgeregt sein
dēligere (legere)	auswählen, wählen
dēligō, dēlēgī, dēlēctum	
dēmum *(Adv.)*	endlich, erst
rādīx, -īcis *f.*	Wurzel *(Radieschen, radikal)*
sub rādīcibus montis	am Fuße des Berges
mūnicipium (mūnus, capere)	Landstadt, Kleinstadt
meritum (merēre)	das Verdienst
magnificus, a, um	großartig, prächtig *(Magnifizenz)*

sollemnis, e (annus)	alljährlich wiederkehrend, feierlich
(dē-)populārī (populus)	verheeren, plündern
dēvincere	(völlig) besiegen
dēvincō, dēvīcī, dēvictum	
irrumpere	einbrechen, eindringen
irrumpō, irrūpī, irruptum	
exsultāre (saltāre)	aufspringen, jubeln, übermütig sein
prōtinus *(Adv.)*	vorwärts, sofort

praetermittere	vorübergehen lassen, unterlassen
praetermittō, praetermīsī,	
praetermissum	

22 ferre und Komposita (BL 94 // LP 65)

dictātūra	Diktatur
ferre	tragen, bringen, melden
ferō, tulī, lātum	
differre	1. verschieben 2. sich unterscheiden *(Differenz)*
auferre	wegtragen, wegnehmen *(Ablativ)*
afferre	herbeibringen, beibringen
trānsferre	hinüberbringen, übertragen *(Transfer)*
īnferre	hineintragen, beibringen
referre	(zurück-)bringen, berichten, beziehen auf *(Referat, relativ)*
restāre	übrig bleiben *(Rest)*
restō, restitī	
prōscrībere	bekannt geben, ächten
prōscrībō, prōscrīpsī,	
prōscrīptum	

pestis, -is	Seuche, Unheil; Unhold *(Pest)*
prae sē ferre	vor sich hertragen, zeigen
cōnferre	zusammenbringen, vergleichen, hintragen *(Konferenz)*
trucīdāre (caedere)	niedermetzeln
posthāc *(Adv.)*	von nun an, künftig

offerre	anbieten, darreichen *(Offerte, Oblate)*
praeferre	vorantragen, vorziehen *(Prälat)*
efferre	herausheben; hinaustragen, bestatten
perferre	überbringen, ertragen

Wendungen:

signa in hostes īnferre	die Feinde angreifen
aequō animō ferre	mit Gelassenheit (er-)tragen
aegrē ferre	mit Mühe, ungern (er-)tragen
grātiam referre	Dank abstatten

23 Genitiv des geteilten Ganzen (BL 127 // LP 101)
Genitiv des Wertes (BL 130 // LP 104)

coniūrātiō, -ōnis (iūrāre)	Verschwörung
cōnsultum	Beschluss
fēlīcitās, -ātis (fēlīx)	Glück
scelerātus, a, um (scelus)	verflucht, verbrecherisch
domesticus, a, um (domus)	häuslich, einheimisch
ēicere (iacere)	hinauswerfen, verbannen
ēiciō, ēiēcī, ēiectum	
adventus, -ūs (venīre)	Ankunft *(Advent)*
incrēdibilis, e (crēdere)	unglaublich, unglaubwürdig
laetārī (laetus)	sich freuen
aliquantum *(Adv.)*	ziemlich viel, beträchtlich

Wendungen:

quis nostrum / vestrum?	wer von uns / euch?
multum labōris	viel Arbeit, Mühe
magnī (plūris, plūrimī) esse	viel (mehr, sehr viel) wert sein
magnī (tantī) aestimāre	hoch (so hoch) einschätzen, achten
(putāre, facere, dūcere)	

24 Genitiv der Zugehörigkeit (BL 125 und 129 // LP 102)

celeritās, -ātis (celer)	Schnelligkeit
dēditiō, -ōnis (dēdere)	Übergabe, Unterwerfung
līberālitās, -ātis	Großzügigkeit, Freigebigkeit
īnfestus, a, um	feindlich, kampfbereit
supplex, -icis	(demütig) bittend, flehend
prīstinus, a, um (prīscus)	früher, ehemalig
prōferre	hervorbringen, erweitern
prōferō, prōtulī, prōlātum	
plērīque, plēraeque, plēraque	die meisten, sehr viele
triplex, -icis	dreifach
capessere (capere)	ergreifen
capessō, capessīvī, capessītum	

dēferre dēferō, dētulī, dēlātum	übertragen, überbringen

Wendungen:

hominis est	es ist Sache, Aufgabe, Pflicht des Menschen
prūdentis est	es ist das Zeichen eines klugen Menschen

25 Genitiv der Begriffsbestimmung (BL 125.3 // LP 99.2)
Genitiv der Beschaffenheit (Wh.) (BL 125.4 // LP 103)

ambitiō, -ōnis (īre)	Bewerbung, Ehrgeiz
quaestor, -ōris (quaerere)	Quästor, Finanzbeamter
mercēs, -ēdis *f.*	Lohn, Sold
iocus	Scherz, Spaß *(Jux)*
per iocum	im Spaß, spaßhaft
arbitrium (arbitrārī)	(freie) Entscheidung, Willkür
agrestis, e (ager)	ländlich, bäuerlich
ēlicere (lacessere)	herauslocken
ēliciō, ēlicuī, ēlicitum	
fānum	Heiligtum, Tempel *(profan)*
favor, -ōris (favēre)	Gunst *(Favorit)*
prosper, era, erum (spērāre)	günstig, erwünscht
memorābilis, e (memor)	denkwürdig
effundere	ausgießen, vergeuden
effundō, effūdī, effūsum	

26 Genitivus obiectivus (Wh.) (BL 126.2 // LP 100)
Genitiv bei Adjektiven (BL 128.2 // LP 105)

vectīgal, -ālis *n.* (vehere)	Abgabe, Steuer (eigtl. Wegezoll)
Īdūs Mārtiae	der 15. März, die Iden des März
commūtātiō, -ōnis (mūtāre)	Veränderung
dēsīderium (dēsīderāre)	Sehnsucht, Verlangen
prōgeniēs, -ēī (genus)	Abstammung, Nachkommenschaft
immemor, -oris	uneingedenk, unbekümmert
immemor beneficiī	ohne an die Wohltat zu denken
flagrāre	brennen, lodern
obstringere	verstricken, verpflichten
obstringō, obstrīnxī, obstrictum	
nūbere (alicui virō)	sich vermählen mit, heiraten
nūbō, nūpsī, nupta (nuptiae)	
cruciātus, -ūs (crux)	Qual, Marter
caeremōnia, caerimōnia	Verehrung, (religiöse) Feier

lūdibrium (lūdere)	Spiel, Spielzeug; Spott
documentum (docēre)	Beweis, Beispiel *(Dokument)*
bracchium	Arm
signāre (signum)	bezeichnen, versiegeln *(signieren)*
dūdum *(Adv.)*	längst, seit langem

expers, -pertis (pars)	unbeteiligt, frei
expers ingeniī	ohne Begabung
cōnsultus, a, um (cōnsulere)	kundig

27 Genitiv als Objekt bei Verben (BL 131–133 // LP 106)

geminus, a, um	doppelt, Zwillings-
diuturnus, a, um (diū)	lang dauernd
ūniversus, a, um (vertere)	all, ganz *(Universum)*
dīvus, a, um (dīvīnus)	göttlich, vergöttlicht
reminīscī *(m. Gen.)*	sich erinnern (an)
reminīscor *(ohne Perf.)*	
pācāre (pax)	befrieden, unterwerfen
praesertim cum *(m. Konj.)*	zumal da

maiestās, -ātis	Größe, Erhabenheit, Würde
sevēritās, -ātis (sevērus)	Strenge
ēdictum (ēdīcere)	Erlass *(Edikt)*
ōtiōsus, a, um (ōtium)	unbeschäftigt, ruhig, friedlich
revocāre	zurückrufen, -bringen
convincere	überführen (gerichtlich)
convincō, convīcī, convictum	
īnsimulāre (simulāre)	beschuldigen, (fälschlich) anklagen
fabricāre, -ārī	verfertigen, schaffen *(Fabrik)*
arguere (argūmentum)	beschuldigen, anklagen *(Argument)*
arguō, arguī	

fūrtum (fūr)	Diebstahl
ambitus, -ūs (īre)	Wahlbetrug, Amtserschleichung
ambitūs arcessere	wegen Wahlbetrugs vor Gericht fordern

Wendungen:

sceleris arguere	wegen eines Verbrechens anklagen
sceleris convincere	eines Verbrechens überführen
sceleris absolvere	von einem Verbrechen freisprechen
maiestātis accūsāre	wegen Majestätsbeleidigung anklagen
sceleris eum paenitet	er bereut das Verbrechen
illīus temporis mihi in mentem venit	jene Zeit kommt mir in den Sinn

28 Participium coniunctum / Ablativus absolutus (Wh.)
(BL 165–166 / 168 // LP 135–136 / 137–139)

affectus, -ūs (afficere)	Gefühl, Leidenschaft *(Affekt)*
clades, -is	Schaden, Niederlage
temeritās, -ātis	Unbesonnenheit
aquila	Adler, Legionsadler
saltus, -ūs	Waldgebirge
attentus, a, um (tendere)	aufmerksam
statiō, -ōnis (stāre)	Standort, Wachposten *(Station)*
pontifex, -icis	Priester, Oberpriester
lūctus, -ūs (lūgēre)	Trauer
terminus	Grenzstein, Grenze *(Termin)*
quotannīs *(Adv.)* (annus)	alljährlich
pōns, pontis *m.*	Brücke
sē cōnferre	sich begeben (nach)

29 Nominativ mit Infinitiv (NcI) (BL 161 // LP 127)

indicium (dīcere)	Anzeige, Kennzeichen *(Indizien)*
vidērī	gesehen werden; scheinen
hinc	von hier aus; von jetzt an
mulíebris, e (mulier)	weiblich
apertus, a, um (aperīre)	offen, deutlich
sempiternus, a, um (semper)	immer während, ewig
hodiernus, a, um (hodiē)	heutig, gegenwärtig
quaesō	(ich) bitte
īnstrūmentum (īnstruere)	Werkzeug, Gerät, Hilfsmittel
praedīcere	voraussagen, vorschreiben
praedīcō, praedīxī, praedictum	

30 Ablativ der Trennung (BL 137 // LP 108)
Ablativ des Vergleichs (BL 138 // LP 109)

lūstrum	Reinigungsopfer, Fünfjahresfeier
marmoreus, a, um	aus Marmor
perpetuus, a, um (petere)	durchgehend, ununterbrochen
vacāre (vacuus)	leer sein, frei sein *(Vakuum)*
dissentīre (dissēnsiō)	anderer Meinung sein, widersprechen, abweichen
dissentiō, dissēnsī, dissēnsum	
dissentīre ab	in seiner Meinung abweichen von

victima	Opfer(tier)
fūmus	Rauch, Qualm
latus, -eris *n.*	Seite, Flanke *(bilateral)*
ā latere	von (auf) der Seite
sēparāre	absondern, trennen *(separat)*
mactāre	opfern, schlachten

Wendungen:

metū līberāre	von Angst befreien
metū vacāre	frei von Angst sein, keine Angst haben

31 Ablativ des Mittels (BL 139 // LP 110)
Ablativ als Objekt (BL 140 // LP 111)

avunculus (avus)	Onkel
triennium (annus)	Zeitraum von drei Jahren
dissipāre	zerstreuen, vergeuden
mīrārī (mīrus)	sich wundern, bewundern
cōnfīsus, a, um *(m. Abl.)*	im Vertrauen auf
(cōnfīdere)	
apparātus, -ūs (parāre)	Aufwand, Prunk; Werkzeug *(Apparat)*
effigiēs, -iēī (fingere)	Bild, Abbild
vīnea (vīnum)	Weinberg, Weinlaube
sufficere (facere)	genügen; nachwählen
sufficiō, suffēcī, suffectum	

Wendungen:

memoriā tenēre	im Gedächtnis behalten
honōre afficere	ehren
morbō afficī	von einer Krankheit befallen werden

Der Ablativ des Vergleichs im Relativsatz:

Aedificium ērigam,	Ich werde ein Haus errichten,
quō hominēs	(wörtl.: im Vergleich zu dem ...)
nihil pulchrius cōnspexērint.	das schönste, das die Menschen gesehen haben.

32 Ablativ der Preisangabe (BL 141 // LP 112)
Ablativ des Grundes (BL 142 // LP 113)

immānis, e	ungeheuerlich, entsetzlich, riesig
collābī	zusammenbrechen *(Kollaps)*
collābor, collāpsus sum	
modo – modo	bald – bald

perfugium (fuga)	Zufluchtsort
praeceps, -cipitis (caput)	kopfüber, überstürzt, geneigt
dēmēns, -entis	wahnsinnig, unsinnig
exiguus, a, um	knapp, gering, klein
sordidus, a, um	schmutzig, schäbig
arripere (rapere)	an sich reißen
arripiō, arripuī, arreptum	
meā sponte, suā sponte	freiwillig
meritō *(Adv.)*	verdientermaßen, mit Recht

nocturnus, a, um (nox)	nächtlich
tantīdem *(Gen.)*	ebenso teuer, ebenso hoch

Wendungen:

parvō emere	billig kaufen
magnō (plūrimō) vendere	teuer (sehr teuer) verkaufen
tantīdem vendere	ebenso teuer verkaufen
grātīs stāre	nichts kosten
speciē mētīrī / iūdicāre	nach dem (äußeren) Aussehen einschätzen / beurteilen
dē mē āctum est	es ist um mich geschehen
sibi manūs afferre	Selbstmord begehen

33   Ablativ der Beziehung (BL 143 // LP 114.1)
Ablativ des Maßes (BL 144 // LP 114.2)

rē *(Abl.)*	tatsächlich *(real)*
nōmine *(Abl.)*	dem Namen nach *(nominell)*
vertex, -icis *m.* (vertere)	Scheitel, Gipfel *(vertikal)*
sonitus, -ūs (sonāre)	Schall, Geräusch
columna	Säule, Pfeiler *(Kolumne, Kolonne)*
cinis, -eris *m.*	Asche
rīvus	Bach *(Rivale)*
mānāre	fließen, sich verbreiten
ad ūnum omnēs	alle ohne Ausnahme
quantō – tantō	um wie viel – um so viel / je – desto
gladiātor, -ōris (gladius)	Gladiator (Schwertkämpfer)
ruīna (ruere)	Sturz, Einsturz; Pl.: Trümmer *(Ruine)*
tremere	zittern
tremō, tremuī	
concutere (quatere)	schütteln, erschüttern
concutiō, concussī, concussum	

aequāre (aequus)	gleichmachen, gleichkommen *(Äquator)*
abicere (iacere)	wegwerfen
abiciō, abiēcī, abiectum	
dēstituere (statuere)	zurücklassen, im Stich lassen
dēstituō, dēstituī, dēstitūtum	
nihilō minus	trotzdem

modestus, a, um (modus)	bescheiden
dīrigere (regere)	einrichten, lenken *(Dirigent, Direktor)*
dīrigō, dīrēxī, dīrēctum	

34 **Ablativ der Art und Weise** (BL 145.2 // LP 115.2)
Ablativ der Beschaffenheit (Wh.) (BL 145.3 // LP 116)

legiōnārius (legiō)	Legionssoldat
sē mūnīre	sich verschanzen
interclūdere (claudere)	(ab-)sperren
interclūdō, interclūsī,	
interclūsum	

summa rērum	Gesamtlage, gesamte Macht
somnium	Traum
scūtum	der Schild
mīrābilis, e (mīrārī)	bewundernswert, erstaunlich
dēcertāre	kämpfen (bis zur Entscheidung)
diffundere	zerstreuen, verbreiten *(diffus)*
diffundō, diffūdī, diffūsum	

convertere	wenden, verwandeln; bekehren
convertō, convertī, conversum	

Wendung:

proeliō *(Abl.)* lacessere	zum Kampf herausfordern

35 **Ablativ des Ausgangspunktes** (BL 136.1 // LP 107),
des Ortes und der Zeit (BL 146–147 // LP 117.1 und 2; 118)
Besonderheiten der Ortsangaben (BL 152.2 // LP 117.3)

cōnsīderāre (sīdus)	betrachten, überlegen
explēre	ausfüllen, erfüllen
expleō, explēvī, explētum	
rīte *(Adv.)*	feierlich, in gebräuchlicher Weise
aevum	Ewigkeit, Zeitalter
vetustus, a, um (vetus)	alt, altertümlich

glōriōsus, a, um (glōria)	ruhmvoll, prahlerisch
sēcernere	absondern, trennen
sēcernō, sēcrēvī, sēcrētum	
congruere	zusammentreffen, übereinstimmen *(kongruent)*
congruō, congruī	
partim – partim	teils – teils

36 Temporalsätze I (BL 192–193 // LP 169; 170.1 und 2)

commercium (merx)	Handel, Verkehr *(Kommerz)*
līmes, -itis *m.*	Rain, Grenze, Grenzwall, Weg
mūnītiō, -ōnis (munīre)	Schanzarbeit, Befestigung *(Munition)*
miserābilis, e (misērarī)	beklagenswert, erbärmlich
grātiā *(Präp. m. Gen).*	um ... willen, wegen
exemplī gratiā	beispielshalber
convīvium agitāre	ein Gastmahl halten, feiern
vestītus, -ūs (vestīre)	Kleidung *(Weste)*
crīnis, -is *m.*	Haar
lignum (legere)	Holz (eigtl. aufgelesenes Holz)
lucrum	Gewinn *(lukrativ)*
flāvus, a, um	gelb, blond
flagitāre	fordern, verlangen
sānē *(Adv.)*	ganz, allerdings
cum *(Subjunktion m. Konjunktiv)*	während (als Gegensatz)

37 Temporalsätze II (BL 194–196 // LP 170.3–7; 171)

oppūgnātiō, -ōnis	Sturmangriff, Belagerung
excēdere	heraus-, hinausgehen *(Exzess)*
excēdō, excessī, excessum	
cōnfugere	(sich) flüchten
cōnfugiō, cōnfūgī	
cum prīmum	
ubi (prīmum), ut (prīmum)	sobald
simul, simulac, simulatque	
quotiēns	sooft, jedes Mal wenn *(Quotient)*
quoad	solange (bis)
intervallum	Zwischenraum, Zwischenzeit *(Intervall)*
excelsus, a, um (excellere)	aufragend, erhaben *(Exzellenz, exzellent)*
salūtāris, e (salūs)	heilsam, nützlich

38 **Abhängige Fragesätze I** (BL 188.1/2.2 ohne *si* und *an* // LP 165)

sublevāre	emporheben, erleichtern; unterstützen
quemadmodum	wie, auf welche Weise
contentiō, -ōnis (contendere)	Anstrengung, Wettstreit
dictum	Wort
praedicāre	ausrufen, rühmen *(Prädikat)*

superstitiō, -ōnis   Aberglaube

39 **Abhängige Fragesätze II** (BL 188.2.3–6 // LP 166)
Wunschsätze (BL 175.2.2 // LP 153.1 und 2; 156)

difficultās, -ātis (difficilis)	Schwierigkeit
inquīrere (quaerere)	untersuchen, nachforschen
inquīrō, inquīsīvī, inquīsītum	
utrum … an	ob … oder
quīn (*aus* quī-ne)	1. wieso nicht 2. dass
secūris, -is *(i-Stamm)*	Beil, Axt
stringere	schnüren, streifen, (Schwert) ziehen
stringō, strīnxī, strictum	
nūtāre	schwanken
dēvovēre	1. weihen, 2. verwünschen
dēvoveō, dēvōvī, dēvōtum	
scindere	zerreißen, spalten
scindō, scidī, scissum	
prōcumbere	sich vorbeugen, sich niederwerfen
prōcumbō, prōcubuī	

Wendungen:

quis dubitat, quīn	wer zweifelt daran, dass
dubium nōn est, quīn	es besteht kein Zweifel, dass
fit nesciō quōmodō, ut	es geschieht irgendwie, dass

40

fundāmentum (fundus)	Grundlage, Fundament
saevus, a, um (saevīre)	wild, wütend
suppetere	vorhanden sein, ausreichen
suppetō, suppetīvī	
mātūrāre	sich beeilen, beschleunigen
tantopere (magnopere)	so sehr
īnsigne, -is *n.* (signum)	Zeichen, Kennzeichen
nātālis, e (nāscī)	Geburts-
precārī (precēs)	bitten, beten; wünschen
cōram *(Präp. m. Abl.)*	in Gegenwart von, vor

ÜBERSICHTEN

Deponentia der ā-Konjugation

arbitrārī	meinen, glauben
aspernārī	verschmähen, zurückweisen
comitārī	begleiten
cōnārī	versuchen, (einen Versuch) unternehmen
contemplārī	betrachten
cūnctārī	zögern, zaudern
dominārī	herrschen
fabricārī	verfertigen, schaffen
glōriārī	sich rühmen, prahlen
grātulārī	Glück wünschen, danken
hortārī, cohortārī	ermutigen, anfeuern
imitārī	nachbilden, nachahmen
indignārī	sich empören, sich entrüsten
laetārī	sich freuen
meditārī	nachdenken, sinnen auf
minārī	drohen, androhen
mīrārī, admīrārī	sich wundern, bewundern
miserārī	beklagen, bedauern
moderārī	m. Dat.: mäßigen; m. Akk.: lenken
morārī	verweilen, (sich) aufhalten
obtestārī	beschwören, als Zeugen anrufen
opīnārī	meinen, glauben
percontārī	untersuchen, sich erkundigen
populārī, dēpopulārī	verheeren, plündern
precārī	bitten, beten; wünschen
recordārī	sich erinnern (an)
suspicārī	vermuten, ahnen
tūtārī	schützen
vagārī	umherziehen, sich verbreiten
vēnārī	jagen
venerārī	verehren
versārī	sich aufhalten, sich beschäftigen

Deponentia der ē-Konjugation

pollicērī	polliceor	pollicitus sum	versprechen
miserērī	misereor	miseritus sum	sich erbarmen
verērī	vereor	veritus sum	scheuen, fürchten, verehren
rērī	reor	ratus sum	(be)rechnen, meinen
tuērī	tueor		im Auge haben, schützen
intuērī	intueor		anschauen, betrachten
fatērī	fateor	fassus sum	gestehen, bekennen
cōnfitērī	cōnfiteor	cōnfessus sum	gestehen, bekennen
profitērī	profiteor	professus sum	(öffentlich) erklären, angeben, bekennen

Deponentia der i-Konjugation

assentīrī	assentior	assēnsus sum	beistimmen, zustimmen
largīrī	largior	largītus sum	schenken, spenden
mentīrī	mentior	mentītus sum	lügen, vorspiegeln
mōlīrī	mōlior	mōlītus sum	in Bewegung setzen, unternehmen
potīrī	potior	potītus sum	sich bemächtigen
sortīrī	sortior	sortītus sum	(aus)losen, erlangen
adorīrī	adorior	adortus sum	angreifen, sich an etwas machen
experīrī	experior	expertus sum	versuchen, erfahren
mētīrī	mētior	mēnsus sum	messen, bemessen
ōrdīrī	ōrdior	ōrsus sum	anfangen, beginnen

Deponentia der Konsonantenstämme

fungī	fungor	fūnctus sum	verrichten, verwalten
dēfungī	dēfungor	dēfūnctus sum	erledigen, sterben
querī	queror	questus sum	klagen, sich beklagen
loquī	loquor	locūtus sum	sprechen, reden
colloquī	colloquor	collocūtus sum	sich unterreden, besprechen
sequī	sequor	secūtus sum	folgen
assequī	assequor	assecūtus sum	einholen, erreichen
cōnsequī	cōnsequor	cōnsecūtus sum	folgen, erreichen
exsequī	exsequor	exsecūtus sum	ausführen, vollziehen
obsequī	obsequor	obsecūtus sum	nachgeben, gehorchen
persequī	persequor	persecūtus sum	verfolgen, folgen
fruī	fruor		genießen
lābī	lābor	lāpsus sum	gleiten, stürzen
collābī	collābor	collāpsus sum	zusammenbrechen
complectī	complector	complexus sum	umfassen, umarmen
nītī	nītor	nīsus (nīxus) sum	sich stützen, streben
ūtī	ūtor	ūsus sum	gebrauchen, benutzen

Deponentia mit Präsensstamm auf -i

morī	morior	mortuus sum moritūrus	sterben
orīrī	orior	ortus sum	entstehen, sich erheben, abstammen
gradī	gradior	gressus sum	schreiten
aggredī	aggredior	aggressus sum	herangehen, angreifen
congredī	congredior	congressus sum	zusammenstoßen, kämpfen
ēgredī	ēgredior	ēgressus sum	heraus-, hinausgehen
ingredī	ingredior	ingressus sum	einherschreiten, betreten
prōgredī	prōgredior	prōgressus sum	vorrücken
trānsgredī	trānsgredior	trānsgressus sum	überschreiten
patī	patior	passus sum	leiden, dulden, zulassen

Deponentia mit Präsensstamm auf -sc

nāscī	nāscor	nātus sum	geboren werden, entstehen
proficīscī	proficīscor	profectus sum	aufbrechen, (ab)marschieren
adipīscī	adipīscor	adeptus sum	erreichen, erringen
nancīscī	nancīscor	na(n)ctus sum	erlangen, erreichen
oblīvīscī	oblīvīscor	oblītus sum	vergessen
ulcīscī	ulcīscor	ultus sum	(sich) rächen, strafen
reminīscī	reminīscor	(recordātus sum)	sich erinnern (an)

ferre **ferō, tulī, lātum** tragen, bringen, melden

afferre	afferō	attulī	allātum	herbeibringen, beibringen
auferre	auferō	abstulī	ablātum	wegtragen, wegnehmen
cōnferre	cōnferō	contulī	collātum	zusammenbringen, vergleichen, hintragen
dēferre	dēferō	dētulī	dēlātum	übertragen, überbringen
differre	differō	distulī	dīlātum	1. verschieben 2. sich unterscheiden
efferre	efferō	extulī	ēlātum	herausheben; hinaustragen, bestatten
īnferre	īnferō	intulī	illātum	hineintragen, beibringen
offerre	offerō	obtulī	oblātum	anbieten, darreichen
perferre	perferō	pertulī	perlātum	überbringen, ertragen
praeferre	praeferō	praetulī	praelātum	vorantragen, vorziehen
prōferre	prōferō	prōtulī	prōlātum	hervorbringen, erweitern
referre	referō	rettulī	relātum	(zurück)bringen, berichten, beziehen auf
trānsferre	trānsferō	trānstulī	trānslātum	hinüberbringen, übertragen
tollere	tollō	sustulī	sublātum	aufheben, erheben; beseitigen

Verzeichnis der Eigennamen

A.	Aulus (Vorname)
Aegyptus, -ī *f.*	Ägypten, Einwohner: *Aegyptiī, -ōrum*
Āfrica, -ae	Africa, Name für die römische Provinz im heutigen Tunesien / Algerien; Einwohner: *Āfricānī, -ōrum, Āfrī, -ōrum*
Āfricānus, -ī	Beiname des Feldherrn Scipio
Alamannī, -ōrum	Alamannen, germanischer Stamm
Albis, -is	Elbe, Fluss in Germanien
Alexander, -drī	Alexander der Große, König der Makedonen (336–323 v. Chr.)
Alexandrīa, -ae	Alexandria, Stadt am westlichen Nildelta in Ägypten
Alexandrōpolis, -is	Alexandropolis, Stadt in Persien
Alpēs, -ium	Alpen
Alphēus, -ī	Alpheios, größter Fluss der Peloponnes
Antigona, -ae	Antigone, Tochter des Ödipus; Schwester des Eteokles und des Polyneikes
Antōnīnus, -ī	Antoninus (Beiname *Pius*), Kaiser (138–161 n. Chr.) Adoptivvater des Kaisers Marc Aurel
Antōnius, -ī	Marcus Antonius, Anhänger und Vertrauter Caesars; Gegner des Octavianus, des späteren Kaisers Augustus
Apollō, -inis	Apollo, griechischer Gott der Dichtkunst, Musik, Medizin und Weissagung; Beiname: *Delphicus*
Aquae Sextiae, -ārum	Aquae Sextiae (heute: Aix-en-Provence), Stadt in Südfrankreich
Aquītānī, -ōrum	Aquitanier, Volksstamm in Gallien
Archimēdēs, -is	Archimedes, griechischer Mathematiker und Physiker
Aristotelēs, -is	Aristoteles, griechischer Philosoph und Wissenschaftler (384–322 v. Chr.)
Armenia, -ae	Armenien, Landschaft und römische Provinz am Euphrat und Tigris
Asciburgium, -ī	Asciburgium (heute: Moers-Asberg am Niederrhein), Stützpunkt der Römer in der Nähe von Xanten
Asia, -ae	Asien, Kleinasien
Athēnae, -ārum	Athen, Einwohner: *Athēniēnsēs, -ium*
Atīlius Rēgulus, -ī	Atilius Regulus, römischer Feldherr im 1. Punischen Krieg
Atlās, -antis	Atlas, hohes Gebirge in Nordafrika; Name des Königs von Mauretanien
Atticus, -ī	attisch, aus der Gegend von Attika im Umkreis von Athen
Augusta Trēverōrum	Trier
Augustus, -ī	Augustus, erster römischer Kaiser (31 v. Chr. – 14 n. Chr.)
Bactria, -ae	Baktrien, Landschaft in Persien; heute: Afghanistan
Baiuvārii, -ōrum	Baiuvaren, germanischer Volksstamm an Donau und Lech
Barsīna, -ae	Barsina, Tochter des Perserkönigs Dareius
Bonifatius, -ī	Bonifatius, Missionar und „Apostel der Deutschen"
Britannia, -ae	Britannien (England und Schottland), seit 43 n. Chr. römische Provinz Einwohner: *Britannī, -ōrum*
Byzantium, -ī	Byzanz (heute: Istanbul), Stadt an der Meerenge zwischen Europa und Asien
C.	Gaius (Vorname)
Caesar, Caesaris	C. Iulius Caesar, römischer Feldherr und Staatsmann (100–44 v. Chr.)
Caligula, -ae	Caligula, eigtl.: C. Caesar Germanicus; römischer Kaiser (37–41 n. Chr.)
Cantium, -ī	Kent, Landschaft in Südengland
Capitōlium, -ī	Kapitol, Burgberg Roms mit Jupitertempel
Capua, -ae	Capua, Hauptstadt von Kampanien (Süditalien)
Caracalla, -ae	Caracalla, römischer Kaiser (211–217 n. Chr.)

Carolus Magnus, -ī	Karl der Große, fränkischer König und Kaiser des weströmischen Reichs (742–814 n. Chr.)
Carthāginiēnsēs, -ium	Karthager, Einwohner von Karthago
Carthāgō, -inis	Karthago, mächtige Handelsstadt in Nordafrika
Castra Batāvōrum	Passau
Castra Régina	Regensburg
Charmus, -ī	Charmos, griechischer Eigenname
Chlodovīcus, -ī	Chlodwig, fränkischer König (446–511 n. Chr.)
Chrīstiānus, -ī	Christ, Anhänger der Lehre von Jesus Christus
Chrīstus, -ī	Christus, Stifter der christlichen Weltreligion
Cicerō, -ōnis	M. Tullius Cicero, Redner und Anwalt, Schriftsteller (106–43 v. Chr.)
Cilicia, -ae	Kilikien, Landschaft in Kleinasien
Cimbrī, -ōrum	Kimbern, germanischer Volksstamm
Cinna, -ae	Cinna, Vertrauter des Augustus
Cleopatra, -ae	Kleopatra, ägyptische Herrscherin z. Z. Caesars
Cn.	Gnaeus, römischer Vorname
Coenus, -ī	Coenus, Name eines makedonischen Soldaten im Heer Alexanders des Großen
Colōnia, -ae	Köln, eigentlich: *Colōnia Claudia Āra Agrippīnēnsium*
Colossēum, -ī	Kolosseum, großes Amphitheater in Rom
Commodus, -ī	Commodus, römischer Kaiser (180–192 n. Chr.)
Cōnstantīnus, -ī	Konstantin, römischer Kaiser (306–337 n. Chr.)
Coriolānus, -ī	Coriolan, Held einer römischen Sage
Cornēlia, -ae	Cornelia, Römerin aus der *gens Cornēlia*, Mutter der beiden Gracchen
Cornēlius, -ī	Cornelius, römischer Vorname und Familienname
Creōn, -ōnis	Kreon, Onkel der Antigone, König von Theben
Curius, -ī	Curius, römischer Vorname und Familienname
Cydnus, -ī	Kydnus, Fluss in Kleinasien
Dānuvius, -ī	Donau
Dārēus, -ī	Dareius, König der Perser, Gegner Alexanders des Großen
Delphī, -ōrum	Delphi, berühmteste griechische Orakelstätte mit dem Heiligtum des Gottes Apollo; Adj.: *Delphicus, a, um*
Diogenēs, -is	Diogenes, griechischer Philosoph (404–323 v. Chr.), besonders durch seine Bedürfnislosigkeit und seinen Spott bekannt
Ēsquilīnus, a, um	esquilinisch, Adj. zu *Ēsquiliae, -ārum,* der Esquilin, ein Hügel in Rom
Euphrātēs, -is	Euphrat, Fluss in Persien
Eurōpa, -ae	Europa, Königstochter aus Phönikien; Name eines Erdteils
Fabius, -ī	Q. Fabius Maximus Cunctator, römischer Feldherr und Gegner Hannibals
Flāminius, -ī	C. Flaminius, römischer Feldherr und Gegner Hannibals
Flāvius, -ī	Flavius, römischer Vorname und Familienname
Francī, -ōrum	Franken, germanischer Volksstamm
Gādēs, -ium	Gades (heute: Cádiz), Stadt in Spanien mit berühmtem Herkulestempel
Galba, -ae	Galba, römischer Kaiser (68–69 n. Chr.)
Gallia, -ae	Gallien, Gebiet des heutigen Frankreich, römische Provinz, oft auch *Gallia Trānsalpīna* genannt; Einwohner: *Gallī;* Adj.: *Gallicus, a, um*
Germānia, -ae	Germanien, Land östlich des Rheins; Einwohner: *Germānī, -ōrum;* Adj.: *Germānicus, a, um*
Gordium, -ī	Gordium, Stadt in Kleinasien
Gorgiās, -ae	Gorgias, griechischer Redelehrer
Gracchus, -ī	Gracchus, Familienname der beiden Brüder Gaius und Tiberius
Graecia, -ae	Griechenland; Einwohner: *Graecī, -ōrum;* Adj.: *Graecus, a, um*

Hadriānus, -ī	Hadrian, römischer Kaiser (117–138 n. Chr.)
Hannibal, -is	Hannibal, Gegner der Römer im 2. Punischen Krieg (218–202 v. Chr.)
Herculēs, -is	Herkules (griechisch: Herakles), Halbgott
Hibernia, -ae	Irland
Hippodamēa, -ae	Hippodameia, Tochter des Königs Oinomaos von Elis in Griechenland
Hispānia, -ae	Spanien
Horātius, -ī	Horaz, römischer Dichter zur Zeit des Kaisers Augustus (65–8 v. Chr.)
Hyphasis, -is	Hyphasis (heute: Satledsch), Fluss in Indien
Iānus, -ī	Janus, altrömische Gottheit
Īdūs, -uum	Iden, 13. bzw. 15. Tag der römischen Monatszählung
Idūs Mārtiae	der 15. März, die Iden des März
India, -ae	Indien
Italia, -ae	Italien; Adj.: *Italicus, a, um*
Iūlius, -ī	Iulius, Familienname einer berühmten Familie in Rom; bedeutendste Persönlichkeit aus der Familie: *C. Iulius Caesar*
Iuppiter, Iovis	Jupiter (griechisch: Zeus), höchste römische Gottheit
L.	Lucius (Vorname)
Lāius, -ī	Laios, König von Theben, Vater des Ödipus
Latīnus, -ī	latinisch, lateinisch
Leō, -ōnis	Leo, Papst zur Zeit Karls des Großen
Līvia, -ae	Livia, Kaiserin und Frau des Augustus
M.	Marcus (Vorname)
Macedonēs, -um	Makedonen, Volksstamm im Norden Griechenlands
Maharbal, -is	Maharbal, Feldherr und Vertrauter Hannibals
Mārcellus, -ī	Marcellus, Neffe des Kaisers Augustus
Marius, -ī	C. Marius, Feldherr, Konsul und Anführer der Volkspartei in Rom (156–86 v. Chr.)
Mārtīnus, -ī	Mārtinus, Heiliger aus Tours in Frankreich (4. Jh. n. Chr.)
Māxentius, -ī	Maxentius, röm. Kaiser (306–312 n. Chr.); Adj.: *Māxentiānus, a, um*
Medūsa, -ae	Medusa (auch Gorgo), weibliche Sagengestalt, der Perseus den Kopf abgeschlagen hatte; der Anblick ihres Kopfes verwandelt jeden Betrachter zu Stein
Melleus, -ī	Melleus, römischer Familienname
Mercurius, -ī	Merkur (griechisch: Hermes), Götterbote, Gott des Handels und des Gewinns
Mesopotamia, -ae	Mesopotamien, Land zwischen den Flüssen Euphrat und Tigris
Mīlvius, a, um	milvisch, Beiname einer Brücke im Norden von Rom
Mithridātēs, -is	Mithridates, Gegner Roms in Kleinasien (1. Jh. v. Chr.)
Mogontiācum, -ī	Mainz
Myrtilus, -ī	Myrtilos, Name des Wagenlenkers von König Oinomaos
Neāpolis, -is	Neapel
Nerō, -ōnis	Nero, römischer Kaiser (54–68 n. Chr.)
Nōricum, -ī	Noricum, Name einer germanischen Provinz; Adj.: *Nōricus, a, um*
Numa, -ae	Numa, Name eines römischen Königs
Ōceanus, -ī	Nordmeer (Ozean), antike Bezeichnung für das Meer im Norden und Westen Europas
Octāvia, -ae	Octavia, Schwester des Octavianus, des späteren Kaisers Augustus
Octāviānus, -ī	Oktavian, Name des späteren Kaisers Augustus
Oedipūs, -ī (oder -odis)	Ödipus, Sohn des Königs Laios aus Theben
Oenomaus, -ī	Oinomaos, König von Elis und Vater der Hippodameia
Olympia, -ae	Olympia, heiliger Bezirk auf der Peloponnes, Austragungsort der Olympischen Spiele; Adj.: *Olympicus, a, um*

P.	Publius (Vorname)
Palātīnus, a, um	palatinisch, Bezeichnung des „Kaiserhügels" in Rom, des *mōns* oder *collis Palātīnus*
Parnāssus, -ī	Parnass, Gebirgszug in Mittelgriechenland; an seinem Fuß liegt Delphi.
Parthī, -ōrum	Parther, Volk in Vorderasien, Gegner der Römer
Pelops, -opis	Pelops, Sohn des Tantalos und Gemahl der Hippodameia; nach ihm ist die Peloponnes (Pelops-Insel) benannt.
Perdicca, -ae	Perdicca (griechisch: Perdikkas), Vertrauter Alexanders des Großen
Persēs, -ae	der Perser; Adj.: *Persicus, a, um*
Perseus, -eī	Perseus, Sohn des Zeus und Held aus der griechischen Sage
Petrus, -ī	Petrus, Apostel und erster Bischof Roms
Phīdiās, -ae	Phidias (griechisch: Pheidias), Bildhauer; von ihm stammt die Zeus-statue in Olympia
Philippus, -ī	Philipp, Vater Alexanders des Großen (359–336 v. Chr.)
Philus, -ī	Philos; griechischer Vorname
Poenus, -ī	Punier (Karthager)
Polybus, -ī	Polybos, König von Korinth, Adoptivvater des Ödipus
Polynīcēs, -is	Polyneikes, Sohn des Ödipus, Bruder des Eteokles und der Antigone
Pompēī, -ōrum	Pompeji, Landstadt am Fuße des Vesuv; Adj.: *Pompēiānus, a, um*
Pompēius, -ī	Cn. Pompeius Magnus, röm. Feldherr und Staatsmann (106–48 v. Chr.)
Pontus, -ī	Pontus, Landschaft und Provinz in Kleinasien
Pūnicus, a, um	punisch; Adj. zu *Poenus, -i*
Pȳthia, -ae	Pythia, Priesterin Apollons im Orakelheiligtum zu Delphi
Q.	Quintus (Vorname)
Quirītēs, -um	Quiriten, ehrende Anrede der römischen Bürger
Raetia, -ae	Rätien, römische Provinz in Süddeutschland
Rēgulus, -ī	Regulus, römischer Familienname
Rēmēnsis, -is	zur Stadt Reims (Frankreich) gehörig
Rēmigius, -ī	Remigius, Bischof der Stadt Reims in Frankreich
Rhēnus, -ī	Rhein
Rōma, -ae	Rom; Einwohner: *Rōmāni, -ōrum;* Adj.: *Rōmānus, a, um*
Rōxanē, -ēs	Roxane, Gemahlin Alexanders des Großen
Saxōnēs, -um	Sachsen, germanischer Volksstamm
Scīpiō, -ōnis	P. Cornelius Scipio, römischer Feldherr und Gegner Hannibals (235–183 v. Chr.)
Scythia, -ae	Skythien, Landschaft in der heutigen Ukraine
Sevērīnus, -ī	Severin, Mönch und Schutzpatron Bayerns (ca. 470 n. Chr.)
Sōl, -is	Sol, Name des Sonnengottes
Solō, -ōnis	Solon, Gesetzgeber Athens (gest. 556 v. Chr.)
Sōsibiānus, -ī	Sosibian, römischer Nachname
Sp.	Spurius (Vorname)
Suētōnius, -ī	Sueton, römischer Schriftsteller und Biograph (ca. 70–140 n. Chr.)
Sulla, -ae	L. Cornelius Sulla, Vertreter der Senatspartei und Gegner des Marius (138–78 v. Chr.)
Sūsa, -ōrum	Susa, Residenzstadt der Perserkönige
Syria, -ae	Syrien, römische Provinz
T.	Titus (Vorname)
Tacitus, -ī	P. Cornelius Tacitus, Geschichtsschreiber und Verfasser der *Germania*, der Beschreibung Germaniens (ca. 55–120 n. Chr.)
Tantalus, -ī	Tantalos, sagenhafter König in Kleinasien, Vater des Pelops
Tarsus, -ī	Tarsos, Stadt an der Südküste Kleinasiens
Teutoburgiēnsis, e	zur Landschaft um den Teutoburger Wald gehörig
Teutonēs, -um	Teutonen, germanischer Volksstamm

Thalēs, -is	Thales, griechischer Philosoph
Thēbānī, -ōrum	Thebaner, Einwohner der Stadt Theben in Griechenland
Thuringī, -ōrum	Thüringer, germanischer Volksstamm
Ti.	Tiberius (Vorname)
Tiberis, -is	Tiber
Tiberius, -ī	Tiberius, römischer Kaiser (14–37 n. Chr.)
Tigrānēs, -is	Tigranes, König in Kleinasien
Tigris, -is	Tigris, Fluss in Persien
Titus, -ī	Titus, römischer Kaiser (79–81 n. Chr.)
Trasumēnus, a, um	trasumenisch, Name eines Sees nördlich von Rom, an dem Hannibal die Römer besiegte
Ulixēs, -is	Odysseus, Held der griechischen Sage
Vārus, -ī	Varus, römischer Feldherr in der Schlacht im Teutoburger Wald
Vēiī, -ōrum	Veji, Stadt nördlich von Rom
Vercellae, -ārum	Vercellae, Stadt westlich von Mailand, Ort einer Schlacht des Marius
Vercingetorīx, -īgis	Vercingetorix, adliger Gallier und Gegner Caesars
Vergilius, -ī	Vergil, römischer Dichter zur Zeit des Kaisers Augustus (70–19 v. Chr.)
Vestālēs, -ium	Vestalinnen, Priesterinnen der Göttin Vesta
Vesuvius, -ī	Vesuv, Vulkan in der Nähe von Neapel
Via Appia, -ae	Via Appia, Verbindungsstraße zwischen Rom und Süditalien
Via Sacra, -ae	Via Sacra, die „Heilige Straße" auf dem Forum in Rom
Volscī, -ōrum	Volsker, altitalischer Volksstamm in Latium; erbitterte Gegner der Römer in der frühen Republik

Lateinisch-deutsches Wörterverzeichnis

Das Wörterverzeichnis enthält den gesamten Lernwortschatz von ROMA Band A I bis A III ohne Eigennamen. Die Zahlen geben die Lektion von Band III an, in der das betreffende Wort zum neuen Lernwortschatz gehört.

A

ā, ab	von, von – her, von – an
abdere	verbergen
abesse	abwesend sein, entfernt sein
abicere	wegwerfen 33
abīre	weggehen
absēns, absentis	abwesend
absolvere	vollenden, freisprechen 9
abstinēre (m. Abl.)	fern halten, sich enthalten
abundāre	Überfluss haben (an)
ac / atque	und (dazu)
accēdere	heranrücken, hinzutreten
accidere	zustoßen, sich ereignen
accipere	annehmen, empfangen
accūsāre	anklagen, beschuldigen
ācer, ācris, ācre	scharf, heftig, spitzig
acerbus, a, um	herb, bitter
aciēs, aciēī	Schärfe; Kampflinie, Schlacht
acūtus, a, um	spitz, scharf, scharfsinnig
ad (m. Akk.)	zu, an, bei, bis (zu)
addere	hinzufügen, hinzutun
addūcere	hinführen, veranlassen
adeō	so sehr, sogar
adesse	da sein, helfen
adhibēre	anwenden, beiziehen
adhūc	bis jetzt, immer noch
adicere	hinzufügen
adimere	an sich nehmen, wegnehmen
adipīscī	erreichen, erringen 6
adīre	herantreten, aufsuchen
aditus, -ūs	Zugang, Zutritt
adiungere	anschließen
adiuvāre	unterstützen, helfen
administrāre	verwalten
admīrārī	bewundern 3
admīrātiō, -ōnis	Bewunderung
admittere	zulassen
admodum (Adv.)	völlig, ganz, sehr 12
admonēre	ermahnen, erinnern
adorīrī	angreifen, sich an etwas machen 5
adulēscēns, -entis	jung, Jugendlicher
advenīre	ankommen
adventus, -ūs	Ankunft 23
adversārius	Gegner

adversus (m. Akk.)	gegenüber, gegen (feindlich oder freundlich)
adversus, a, um	widrig, ungünstig
advocāre	her(bei)rufen
aedis, -is	Tempel; Pl.: Haus
aedificāre	erbauen
aedificium	Gebäude
aedīlis, -is	Ädil (Aufsichtsbeamter)
aeger, aegra, aegrum	krank
aequālis, -is	Gleichaltriger, Zeitgenosse 5
aequāre	gleichmachen, gleichkommen 33
aequitās, -ātis	Gleichheit, Gerechtigkeit 13
aequor, -oris n.	Meeresfläche, Meer
aequus, a, um	gleich, gerecht
āër, āëris m.	Luft
aerārium	Staatskasse 18
aestās, -ātis	Sommer
aestimāre	einschätzen, beurteilen, halten für 1
aestus, -ūs	Hitze, Brandung
aetās, -ātis	Lebensalter, Zeitalter, Zeit
aeternus, a, um	ewig
aevum	Ewigkeit, Zeitalter 35
affectus, -ūs	Gefühl, Leidenschaft 28
afferre	herbeibringen, beibringen 22
afficere	versehen mit, behandeln
affirmāre	bekräftigen, behaupten 15
afflīgere	niederschlagen 17
ager, agrī	Acker, Feld
agere	treiben, handeln, verhandeln
agger, -eris	Damm, Wall
ággredī	herangehen, angreifen 6
agitāre	treiben, betreiben
agmen, -inis	Zug, Schar
agrestis, e	ländlich, bäuerlich 25
agricola	Bauer
agricultūra	Ackerbau 2
āiō / ait	ich sage / er sagt 3
alere	nähren, fördern
aliēnus, a, um	fremd
aliī – aliī	die einen – die anderen

aliquandō	irgendwann, einmal	āra	Altar
aliquantum (Adv.)	ziemlich viel, beträchtlich 23	arbiter, -trī	Schiedsrichter, Mitwisser
		arbitrārī	meinen, glauben 2
aliqui(s), aliquid	irgendeiner, jemand; etwas	arbitrium	(freie) Entscheidung, Willkür 25
alius, alia, aliud	ein anderer	arbor, arboris f.	Baum
aliter (Adv.)	anders, sonst 13	arcēre	abhalten, abwehren
alter, a, um	der eine (von zweien), der zweite; Subst.: der Nächste, Mitmensch	arcessere	herbeiholen
		arcus, -ūs	Bogen
		ardēre	brennen, glühen
alter – alter	der eine – der andere	arēna	Sand, Kampfplatz
altitūdō, -inis	Höhe, Tiefe	argentum	Silber, Geld
altus, a, um	hoch, tief	arguere	beschuldigen, anklagen 27
amāre	lieben		
ambitiō, -ōnis	Bewerbung, Ehrgeiz 25	argūmentum	Beweis, (literarischer) Stoff
ambitus, -ūs	Wahlbetrug, Amtser- schleichung 27	arma, -ōrum	Waffen
ambō, -ae, -ō	beide (zusammen)	armāre	ausrüsten, bewaffnen
ambulāre	spazieren gehen	arripere	an sich reißen 32
amīca	Freundin	ars, artis	Fertigkeit, Kunst
amīcitia	Freundschaft	artifex, -icis	Künstler
amīcus, a, um	befreundet, freundlich; Subst.: Freund	artificium	Kunstwerk, Fertigkeit
		arx, arcis	Burg
āmittere	verlieren	as, assis m.	As
amnis, -is, m.	Strom, Fluss 11	ascendere	hinaufsteigen, besteigen
amor, -ōris	Liebe	asper, era, erum	rau, schroff
amplus, a, um	weit, geräumig, bedeutend	aspernārī	verschmähen, zurück- weisen 2
an	oder? etwa?	aspicere	erblicken, ansehen
ancora	Anker	assentīrī	beistimmen, zustimmen 4
angustus, a, um	eng, knapp	ássequī	einholen, erreichen 11
animadvertere	wahrnehmen, bemerken; vorgehen (gegen)	assiduus, a, um	beständig, fleißig 8
		at	jedoch, dagegen
animal, -ālis n.	Lebenwesen, Tier	āter, ātra, ātrum	schwarz, dunkel
animus	Seele, Geist, Herz, Mut	atque	und dazu, und (auch)
annus	Jahr	ātrium	Atrium
ante (m. Akk.)	vor	atrōx, atrōcis	schrecklich, furchtbar
anteā (Adv.)	vorher	attentus, a, um	aufmerksam 28
antepōnere	voranstellen, vorziehen 13	attingere	berühren
		auctor, -ōris	Urheber, Begründer
antequam	ehe, bevor	auctōritās, -ātis	Ansehen, Einfluss
antīquus, a, um	alt, altertümlich	audācia	Wagemut, Kühnheit
ānulus	Ring	audāx, audācis	verwegen, kühn
aperīre	(er)öffnen, aufdecken	audīre	hören
apertus, a, um	offen, deutlich 29	auferre	wegtragen, wegnehmen 22
apparātus, -ūs	Aufwand, Prunk; Werk- zeug 31		
		augēre	vermehren, fördern
appārēre	erscheinen, sich zeigen	aureus, a, um	golden
appāret (m. AcI)	es zeigt sich, ist klar	aurifex, -icis	Goldschmied
appellāre	ansprechen, (be)nennen	auris, -is	Ohr
appetere	begehren, herankommen	aurum	Gold
appropinquāre	nahen, sich nähern	auspicium	Vogelschau, Vorzeichen
aptus, a, um	passend, geeignet	aut	oder
apud (m. Akk.)	bei (meist bei Personen)	aut – aut	entweder – oder
aqua	Wasser	autem	aber
aquaeductus, -ūs	Wasserleitung	autumnus	Herbst
aquila	Adler, Legionsadler 28	auxilium	Hilfe, Unterstützung

avāritia	Habgier, Geiz	capillus	(Kopf-)Haar
avārus, a, um	habgierig, geizig	captāre	fangen, fassen
āvertere	abwenden	captīvus, a, um	kriegsgefangen
avis, -is f.	Vogel	caput, capitis n.	Haupt; Hauptsache;
avunculus	Onkel 31		Hauptstadt
avus	Großvater	carcer, -eris	Kerker, Gefängnis
		carēre	entbehren, nicht haben
		cāritās, -ātis	Liebe, Teuerung 15

B

bárbarus, a, um	barbarisch, fremd;	carmen, -inis	Lied, Gedicht
	Subst.: Barbar,	carō, -nis f.	Fleisch
	Fremder	cārus, a, um	lieb, teuer
beātus, a, um	glücklich, beglückt	castellum	kleines Lager, Kastell 15
bellum	Krieg, Kampf	castra, -ōrum	Lager
bēlua	Tier, Untier 11	cāsus, -ūs	Fall, Zufall
bene (Adv.)	gut	causa	Grund, Ursache
beneficium	Wohltat	causā (Präp. m.	wegen, um – willen 1
benīgnus, a, um	gütig, freigebig	Gen.)	
bēstia	Tier	exemplī causā	beispielshalber 1
bibere	trinken	cavēre	Acht geben, sich hüten
bīduum	zwei Tage (Zeitraum von	cēdere	gehen, weichen
	zwei Tagen)	celeber, celebris,	viel besucht, belebt,
bīnī, ae, a	je zwei	celebre	bevölkert, gefeiert
bis (Adv.)	zweimal	celebrāre	besuchen, feiern
bonum	das Gute, das Gut	celer, celeris, celere	schnell, rasch
bonus, a, um	gut, tüchtig	celeritās, -ātis	Schnelligkeit 24
bōs, bovis m., f.	Rind, Ochse, Kuh	cella	Vorratskammer, Keller
bracchium	Arm 26	cēna	Mahlzeit, Essen
brevī (Adv.)	in Kürze, bald	cēnāre	speisen, essen
brevis, e	kurz	cēnsēre	schätzen, meinen
brevitās, ātis	Kürze	centuriō, -ōnis	Hauptmann (einer
			Hundertschaft) 16

C

		cérnere	sichten, sehen
		certāmen, -inis	Wettstreit, Kampf
		certāre	streiten, wetteifern
cadere	fallen	certus, a, um	sicher, gewiss, zuverlässig,
caecus, a, um	blind, unsichtbar		bestimmt
caedere	niederhauen, fällen	certiōrem facere	benachrichtigen 8
caedēs, -is	Mord, Gemetzel	aliquem	
caelestis, e	himmlisch 6	cessāre	zögern, (mit etw.) warten
caelum	Himmel, Wetter, Klima	cēterī, ae, a	die übrigen
caeremōnia	Verehrung, (religiöse)	cēterum (Adv.)	übrigens, doch
	Feier 26	cibus	Speise, Nahrung
calamitās, -ātis	Unglück, Missgeschick	cingere	gürten, umgeben
calidus, a, um	warm, hitzig	cinis, -eris, m.	Asche 33
callidus, a, um	schlau, erfahren	circā, circum	um ... herum, ringsum
campus	Feld	(m. Akk.)	
candidus, a, um	strahlend, weiß	circiter (Adv.)	ungefähr, etwa
canere	singen, (ein Instrument)	circúmdare (-dedī,	umgeben, umringen
	spielen, blasen	-datum)	
canis, -is, m.	Hund	circumvenīre	umzingeln, bedrängen
cantāre	singen, (ein Instrument)	circus	Zirkus, Kreis
	spielen	cito (Adv.)	schnell, rasch
cantus, -ūs	Gesang	cīvīlis, e	bürgerlich, öffentlich
capere	fassen, nehmen, fangen	cīvis, -is	Bürger, Mitbürger
capessere	ergreifen 24	cīvitās, -ātis	Bürgerschaft, Staat
		clādēs, -is	Schaden, Niederlage 28
		clam (Adv.)	heimlich

clāmāre	schreien, laut rufen
clāmor, -ōris	Geschrei
clārus, a, um	hell, klar, berühmt
classis, -is	Flotte
claudere	schließen, versperren
clēmentia	Milde 19
cliēns, -entis	Klient, Abhängiger 18
coepisse (Präs.: incipere)	angefangen haben
coёrcēre	zügeln, maßregeln
coetus, -ūs	Zusammenkunft, Versammlung 9
cōgere	zusammenbringen, zwingen
cōgitāre	denken, bedenken
cognātus	(Bluts-)Verwandter 6
cognōmen, -inis	Beiname 18
cognōscere	erkennen, anerkennen
cohibēre	festhalten, zurückhalten
cohors, -tis	Schar, Kohorte
cohortārī	ermutigen, anfeuern 2
colere	bebauen, pflegen, (ver)ehren
collābī	zusammenbrechen 32
colligere	sammeln
collis, -is m.	Hügel, Anhöhe
collocāre	aufstellen
cólloquī	sich unterreden, besprechen 8
colloquium	Unterredung, Gespräch 17
collum	Hals
colōnia	Ansiedlung, Kolonie
color, -ōris	Farbe
columna	Säule, Pfeiler 33
comes, -itis	Gefährte, Begleiter
comitārī	begleiten 2
commercium	Handel, Verkehr 36
committere	1. zustande bringen, ausführen, 2. anvertrauen
commodum	Bequemlichkeit, Vorteil 18
commodus, a, um	angemessen, bequem
commovēre	bewegen, erregen, veranlassen
commūnis, e	gemeinsam, allgemein
commūtātiō, -ōnis	Veränderung 26
comparāre	bereiten, beschaffen; vergleichen
comperīre	erfahren
complectī	umfassen, umarmen 9
complexus, -ūs	Umarmung 14
complēre	(an)füllen, erfüllen
complūrēs, -ium	mehrere 15
compōnere	zusammenstellen, ordnen; schlichten

comprehendere	fassen, erfassen, ergreifen
cōnārī	versuchen, unternehmen 7
concēdere	weichen, zugestehen
conciliāre	gewinnen, versöhnen
concilium	Versammlung
concipere	erfassen, empfangen
concordia	Eintracht
concupīscere	begehren
concurrere	zusammenlaufen, -stoßen 4
concursus, -ūs	Auflauf, Zusammenstoß
concutere	schütteln, erschüttern 33
condere	gründen, bergen
condiciō, -ōnis	Bedingung, Lage
condūcere	zusammenführen; anwerben, mieten
cōnficere	vollenden, fertig machen
cōnfectus, a, um	fertig, erschöpft 11
cōnferre	zusammenbringen, vergleichen 22
sē cōnferre	sich begeben (nach) 28
cōnfīdere	vertrauen, trauen 10
cōnfīsus, a, um	im Vertrauen auf 31
cōnfirmāre	stärken, bekräftigen
cōnfitērī	gestehen, bekennen 6
cōnflīgere	kämpfen 20
cōnfugere	(sich) flüchten 37
congredī	zusammenstoßen, kämpfen; zusammenkommen 17
congruere	zusammentreffen, übereinstimmen 35
conicere	(zusammen)werfen, vermuten
coniugium	Ehe 12
coniungere	verbinden, vereinigen
coniunx, cóniugis	Ehepartner, Gattin (Gatte)
coniūrāre	sich verschwören
coniūrātiō, -ōnis	Verschwörung 23
cōnscīscere	beschließen
cōnscius, a, um	mitwissend, bewusst; Subst.: Mitwisser 7
cōnscrībere	verfassen, (Truppen) ausheben
cōnsecrāre	weihen 10
cōnsēnsus, -ūs	Übereinstimmung
cōnsentīre	übereinstimmen
cōnsequī	folgen, erreichen 11
cōnserere	aufreihen; (manūs) kämpfen
cōnservāre	bewahren, retten
cōnsīdere	sich setzen, sich niederlassen
cōnsīderāre	betrachten, überlegen 35
cōnsilium	Rat, Plan, Überlegung

137

cōnsistere	stehen bleiben; bestehen (in)	cornu, -ūs n.	Horn, Flügel des Heeres
		corōna	Kranz, Krone
cōnspectus, -ūs	Anblick	corpus, -oris	Leib, Körper
cōnspicere	erblicken, ansehen	corrigere	berichtigen, verbessern
cōnstāns, -stantis	standhaft, beständig	corripere	ergreifen, packen
cōnstantia	Beständigkeit, Ausdauer, Standhaftigkeit 15	corrumpere	verderben, bestechen
		cottidiē (Adv.)	täglich
cōnstāre	bestehen aus; kosten	cottidiānus, a, um,	täglich, alltäglich 16
cōnstat (m. AcI)	es steht fest, ist bekannt	crās (Adv.)	morgen
cōnstituere	festsetzen, beschließen	creāre	erschaffen, wählen
cōnsuēscere	sich gewöhnen (an)	crēber, crēbra,	zahlreich, häufig
cōnsuēvisse	gewohnt sein, pflegen	crēbrum;	
cōnsuētūdō, -inis	Gewohnheit, Sitte; Umgang	Adv. crēbrō	
		crēdere	glauben, (an)vertrauen
cōnsul, cōnsulis	Konsul		
cōnsulere (m. Akk.)	beraten, befragen, um Rat fragen 4	crēscere	wachsen, zunehmen
		crīmen, -inis	Anklage, Vorwurf, Verbrechen
cōnsulere (m. Dat.)	sorgen für 4		
cōnsulere in aliquem	gegen jemanden vorgehen 4	crīnis, -is m.	Haar 36
		cruciātus, -ūs	Qual, Marter 26
cōnsultāre	befragen, beraten	crūdēlis, e	roh, grausam
cōnsultum	Beschluss 23	crūdēlitās, -ātis	Rohheit, Grausamkeit
cōnsultus, a, um	kundig 26	crux, crucis	Kreuz, Marter
cōnsūmere	verbrauchen	cubāre	liegen
contemnere	verachten, nicht beachten	cubiculum	Schlafzimmer, Kammer
contemplārī	betrachten 2	culpa	Schuld
contendere	sich anstrengen: kämpfen, eilen; behaupten	cultus, -ūs	Pflege, Verehrung, Lebensweise 12
contentiō, -ōnis	Anstrengung, Wettstreit 38	cum (m. Abl.)	(zusammen) mit
		cum (Subj.)	wenn, immer wenn;
contentus, a, um	zufrieden		als (m. Ind.); als,
continēre	zusammenhalten; enthalten		nachdem; da, weil (m. Konj.); während
contiō, -ōnis	Volksversammlung, Heeresversammlung 16		(als Gegensatz) 36
		cum prīmum	sobald 37
contingere	berühren; gelingen	cūnctārī	zögern, zaudern 2
contrā (m. Akk.)	gegen (feindl. Sinn)	cūnctī, ae, a	alle
contrahere	zusammenziehen	cupere	begehren, wünschen
contrārius, a, um	entgegengesetzt, feindlich	cupiditās, -ātis	Begierde, Leidenschaft
contrōversia	Streit, Widerspruch	cupīdō, -inis	Begierde, Trieb 21
contumēlia	Beleidigung, Schmach 9	cupidus, a, um	begierig
convalēscere	erstarken, genesen	cūr	warum?
convenīre	zusammenkommen, zusammenpassen; antreffen	cūra	Sorge, Sorgfalt
		cūrāre	besorgen, pflegen
		cūria	Kurie (Rathaus des Senats) 15
convertere	wenden, verwandeln; bekehren 34		
		currere	laufen
convincere	überführen (gerichtlich) 27	currus, -ūs	Wagen
		cursus, -ūs	Lauf, Kurs, Rennen
convīva	Gast	custōdīre	bewachen, bewahren
convīvium	Gastmahl	custōs, custōdis	Wächter, Hüter
convocāre	zusammenrufen 9		
cōpia	Vorrat, Menge, Fülle		
cōpiae, -ārum	Vorräte, Truppen	**D**	
cōr, cordis n.	Herz		
cōram (Präp. m. Abl.)	in Gegenwart von, vor 40	damnāre	verurteilen
		damnum	Schaden, Verlust 13

dare	geben	dēstināre	festsetzen, bestimmen
dē (m. Abl.)	von – herab, von, über	dēstituere	zurücklassen, im Stich
dēbēre	schulden, müssen		lassen 33
dēcēdere	weggehen, (ver)scheiden	dētrahere	herabziehen,
decemvir	Decemvir (Mitglied eines		wegnehmen 5
	Zehnmännerkolle-	dētrīmentum	Verlust, Schaden 14
	giums) 13	deus – dea	Gott – Göttin
dēcernere	entscheiden, beschließen	dēvincere	(völlig) besiegen 21
dēcertāre	kämpfen (bis zur Ent-	dēvorāre	verschlingen
	scheidung) 34	dēvovēre	1. weihen
decet	es schickt sich, es passt 6		2. verwünschen 39
dēcipere	täuschen	dext(e)ra	die rechte Hand
decus, -oris	Schmuck, Ehre	dexter	recht(s)
dēdecus, -oris	Schande, Schandtat	dī! (Vok.)	o Götter!
dēdere	preisgeben, ausliefern	dīcere	sagen, sprechen, nennen
dēdicāre	weihen, widmen 4	diciō, -ōnis	Abhängigkeit, Gewalt 18
dēditiō, -ōnis	Übergabe, Unterwer-	dictāre	diktieren, oft sagen
	fung 24	dictātor	Diktator 16
dēdūcere	wegführen, fortbringen	dictātūra	Diktatur 22
dēesse	fehlen, mangeln	dictum	Wort 38
dēfendere	abwehren, verteidigen	diēs, diēī m.	Tag
dēferre	übertragen, überbrin-	differre	1. verschieben
	gen 24		2. sich unterscheiden 22
dēficere	ausgehen, fehlen; abfal-	difficilis, e	schwierig, schwer (zu tun)
	len (von) 10	difficultās, -ātis	Schwierigkeit 39
dēfungī (vītā)	erledigen; sterben 5	diffundere	zerstreuen, verbreiten 34
dēgere	(das Leben) verbringen,	digitus	Finger, Zehe
	leben 20	dignitās, -ātis	Würde
deinceps (Adv.)	der Reihe nach 7	dignus, a, um	würdig, wert
deinde	hierauf, dann	dīligēns, entis	sorgfältig, gewissenhaft
dēlectāre	erfreuen, Freude machen	dīligentia	Sorgfalt, Umsicht
dēlēre	zerstören	dīligere	schätzen, lieben
dēlīberāre	überlegen	dīmicāre	kämpfen 21
dēligere	auswählen, wählen 21	dīmidium	Hälfte 7
delphīnus	Delfin	dīmittere	entlassen, aufgeben
dēmēns, -entis	wahnsinnig, unsinnig 32	dīrigere	einrichten, lenken 33
dēmere	abnehmen, wegnehmen	dīrimere	trennen 19
dēmōnstrāre	zeigen, nachweisen	dīripere	plündern
dēmum (Adv.)	endlich, erst 21	discēdere	weggehen, scheiden
dēnique (Adv.)	schließlich, endlich	discere	lernen
dēns, dentis m.	Zahn	discernere	(unter)scheiden
dēnsus, a, um	dicht, gehäuft 1	disciplīna	Lehre, Zucht
dēpellere	vertreiben 5	discipulus	Schüler
dēpōnere	niederlegen, ablegen	discordia	Zwietracht
dēpopulārī	verheeren, plündern 21	discrīmen, -inis	Unterschied, Entschei-
dēprehendere	fassen, ertappen		dung, Gefahr 14
dēscendere	herab-, hinabsteigen	dispergere	zerstreuen
dēserere	verlassen, im Stich lassen	dispōnere	verteilen, ordnen
dēsīderāre	ersehnen, vermissen	disputāre	diskutieren, erörtern
dēsīderium	Sehnsucht, Verlangen 26	dissēnsiō, -ōnis	Meinungsverschieden-
dēsignāre	bezeichnen, bestimmen		heit, Streit 13
dēsilīre	herabspringen	dissentīre	anderer Meinung sein,
dēsinere	ablassen (von), aufhören		widersprechen,
dēsistere	ablassen (von), aufhören		abweichen 30
dēspērāre	verzweifeln	disserere	besprechen, sprechen
dēspērātus, a, um	verzweifelt		über, erörtern
dēspicere	herabsehen, verachten	dissimilis, e	unähnlich

139

dissipāre	zerstreuen, vergeuden 31	édere	essen, fressen
dissolvere	loslösen, auflösen	ēdictum	Erlass 27
distinguere	unterscheiden	ēducāre	aufziehen, erziehen
diū (Adv.)	lange, lange Zeit	efferre	herausheben; hinaus-
diuturnus, a, um	lang dauernd 27		tragen, bestatten 22
dīversus, a, um	entgegengesetzt, ver-	efficere	fertig bringen, bewirken
	schieden, in verschie-	effigiēs, -iēī	Bild, Abbild 31
	dener Richtung 12	effugere	entkommen
dīves, dīvitis	reich	effundere	ausgießen, vergeuden 25
dīvidere	trennen, teilen	egēre (m. Abl.)	bedürfen
dīvīnus, a, um	göttlich	ego	ich
dīvitiae, -ārum	Reichtum	ēgredī	heraus-, hinausgehen 6
dīvus, a, um	göttlich, vergöttlicht 27	ēgregius, a, um	ausgezeichnet, hervor-
docēre	lehren, unterrichten		ragend
doctrīna	Unterricht, Lehre;	ēheu!	o! ach!
	Gelehrsamkeit	ēicere	hinauswerfen,
doctus, a, um	gelehrt, gebildet		verbannen 23
documentum	Beweis, Beispiel 26	ēlicere	herauslocken 25
dolēre	Schmerz empfinden,	ēligere	auswählen, wählen
	wehe tun (intr.)	ēloquentia	Beredsamkeit 11
dolor, -ōris	Schmerz	ēmendāre	verbessern 19
dolus	List, Täuschung	emere	kaufen
domāre	zähmen, bändigen	eminēre	heraus-, hervorragen
domesticus, a, um	häuslich, einheimisch 23	enim	nämlich
domī (Lok.)	zu Hause, daheim	eō (Adv.)	deswegen; dahin, dorthin
domicilium	Wohnsitz	eō (quō – eō)	(je –) desto, um so
domina	Herrin	epistula	Brief
domināri	herrschen 3	eques, -itis	Reiter, Ritter
domināti̯ō, -ōnis	Herrschaft, Alleinherr-	equester, tris, tre	Reiter-, Ritter-
	schaft	equitātus, -ūs	Reiterei
dominus	Herr	equus	Pferd
domō	von zu Hause, von	ergā (m. Akk.)	gegen (freundl. Sinn)
	daheim	ergō	also, folglich
domum	nach Hause, heim	ērigere	aufrichten, ermutigen
domus, -ūs f.	Haus	ēripere	entreißen
dōnāre	schenken, beschenken	errāre	irren
dōnec	solange (als), bis	error, -ōris	Irrtum, Irrfahrt
dōnum	Gabe, Geschenk	ērudīre	ausbilden, unterrichten
dormīre	schlafen	esse	sein
dorsum	Rücken	esse (m. Dat.)	gereichen zu, (ein)brin-
dubitāre	zweifeln, zögern		gen
dubius, a, um	zweifelhaft, ungewiss	et	und, auch
dūcere	führen, ziehen; halten für	et – et	sowohl ... als auch
dūdum (Adv.)	längst 26	etiam	auch, sogar
dulcis, e	süß, lieb(lich)	etsī, etiamsī	auch wenn, selbst wenn
dum	während, solange (als),	ēvādere	herausgehen, entkom-
	bis		men
dūrus, a, um	hart	ēvertere	umstürzen, zerstören
dux, ducis	Führer	excēdere	heraus-, hinausgehen 37
		excellere	hervorragen, sich hervor-
			tun
E		excelsus, a, um	aufragend, erhaben 37
		excipere	ausnehmen, aufnehmen
ē, ex (m. Abl.)	aus, von – aus, seit;	excitāre	erregen, wecken, ermun-
	aufgrund		tern
ecce	sieh da!	excūsāre	entschuldigen 13
ēdere (von dare)	herausgeben, äußern	excutere	ausstoßen, abschütteln

exemplum	Beispiel	familiāris, e	zum Haus gehörend, vertraut, freundschaftlich; Subst.: Freund, Vertrauter
exercēre	üben, (sich) plagen		
exercitus, -ūs	Heer		
exigere	(ein)fordern; vollenden		
exiguus, a, um	knapp, gering, klein 32	fānum	Heiligtum, Tempel 25
eximius, a, um	ausnehmend, außerordentlich 11	fas n. (indekl.)	göttliches Recht, Gebot
		fascis, -is m.	Bündel
exīre	herausgehen, ausrücken	fatērī	gestehen, bekennen 3
exīstimāre	schätzen, beurteilen, meinen	fātum	Götterspruch, Schicksal; Verhängnis
exitus, -ūs	Ausgang, Ende	faucēs, -ium	Schlund, Schlucht
expellere	ausstoßen, vertreiben	favēre (m. Dat.)	gewogen sein, begünstigen
experīrī	versuchen, erfahren 4		
expers, -pertis	unbeteiligt, frei 26	favor, -ōris	Gunst 25
explēre	ausfüllen, erfüllen 35	fēlīcitās, -ātis	Glück 23
explicāre	entfalten, erklären	fēlīx, fēlīcis	glücklich, erfolgreich
explōrāre	auskundschaften, untersuchen	fēmina	Frau
		fere, fermē (Adv.)	ungefähr, beinahe, in der Regel
expōnere	aussetzen, darlegen		
expugnāre	erobern	fēriae, -ārum	Feiertage, Ferien
éxsequī	ausführen, vollziehen 5	ferōx, ōcis	wild, trotzig
ex(s)ilium	Verbannung	ferre	tragen, bringen, melden 22
exsistere	auftreten, entstehen		
exspectāre	ausschauen, (er)warten	ferrum	Eisen, Waffe
exspectātiō, -ōnis	Erwartung 10	ferus, a, um	wild, roh
exstinguere	auslöschen	fessus, a, um	ermüdet, erschöpft
exstruere	aufschichten, errichten	festīnāre	eilen, sich beeilen; beschleunigen
ex(s)ul, -is	verbannt; Subst.: der Verbannte		
		fēstus, a, um	festlich, feierlich
exsultāre	aufspringen, jubeln, übermütig sein 21	fidēs, -eī	Treue, Glaube
		fidem praestāre	Wort halten
externus, a, um	ausländisch, fremd	fīdūcia	Vertrauen, Zuversicht 10
extrā (m. Akk.)	außerhalb, außer	fīdus, a, um	treu, zuverlässig
extrēmus, a, um	(der) äußerste, letzte	fierī	werden, geschehen, gemacht werden 8
exuere	ausziehen, berauben		
		fīgere	anheften, befestigen
		figūra	Figur, Gestalt
		fīlius – fīlia	Sohn – Tochter
F		fingere	gestalten, erdichten
		fīnīre	beenden, begrenzen
fabricāre, fabricārī	verfertigen, schaffen 27	fīnis, -is m.	Ende, Grenze
fābula	Fabel, Sage, Erzählung	fīnēs, -ium	Grenzen, Gebiet
facere	machen, tun	fīnitimus, a, um	benachbart
faciēs, faciēī	Gestalt, Gesicht	firmāre	(be)stärken, kräftigen
facilis, e	leicht (zu tun)	firmus, a, um	fest, stark
facinus, -oris n.	Handlung, Tat, Untat	flagitāre	fordern, verlangen 36
factum	Tat, Handlung	flagitium	Schande, Schandtat 9
fallere	täuschen; unbemerkt bleiben	flagrāre	brennen, lodern 26
		flamma	Flamme, Feuer
falsus, a, um (Adv. -ō)	falsch, irrig	flāvus, a, um	gelb, blond 36
		flectere	biegen, beugen; umstimmen
fāma	Gerücht, Ruf		
fāma est (m. AcI)	es geht das Gerücht, man sagt	flēre	weinen, beweinen
		flētus, -ūs	das Weinen 14
famēs, -is	Hunger	flōrēre	blühen
familia	Familie, Hausgemeinschaft	flōs, flōris m.	Blüte, Blume
		fluctus, -ūs	Flut, Woge 21

141

fluere	fließen, strömen
flūmen, -inis	Fluss, Strömung
focus	Feuerstelle, Herd
foedus, a, um	hässlich, schändlich
foedus, -eris	Bündnis, Vertrag
folium	Blatt
fōns, fontis m.	Quelle
fore (indekl.)	(Inf. Fut. von *esse*)
forīs (Adv.)	draußen, außerhalb
fōrma	Form, Gestalt; Schönheit
fortasse (Adv.)	vielleicht
forte (Adv.)	zufällig
fortis, e	kräftig, tapfer
fortitūdō, -inis	Tapferkeit
fortūna	Schicksal, Glück
forum	Markt(platz)
fossa	Graben
frangere	(etwas) brechen
frāter, -tris	Bruder
fraus, -dis f.	Betrug, Täuschung 17
frēnum (Pl. frēna od. frēnī)	Zügel 7
frequēns, -ntis	zahlreich, häufig 10
frīgidus, a, um	kalt, starr
frīgus, -oris	Kälte, Frost 11
frōns, frontis f.	Stirn, Front
frūctus, ūs	Frucht, Ertrag
frūgēs, -um	(Feld-)Früchte
fruī (m. Abl.)	genießen 5
frūmentum	Getreide
frūstrā (Adv.)	vergeblich, erfolglos
fuga	Flucht
fugāre	in die Flucht schlagen, vertreiben 16
fugere	fliehen, meiden; entgehen
fulmen, -inis	Blitz 7
fūmus	Rauch, Qualm 30
fundāmentum	Grundlage, Fundament 40
fundere	(hin)gießen, zerstreuen
fundus	Boden, Grund
fungī (m. Abl.)	verrichten, verwalten 6
fūr, fūris	Dieb
furere	rasen, wüten 19
furor, -ōris	Raserei, Wahnsinn
fūrtum	Diebstahl 27
futūrus, a, um	zukünftig

G

gaudium	Freude 14
gemere	stöhnen, seufzen 14
geminus, a, um	doppelt, Zwillings- 27
gemma	Edelstein
gena	Wange, Backe

gēns, gentis	Geschlecht, Stamm, Volk
genus, -eris	Geschlecht; Gattung, Art
gerere	tragen, (aus)führen
gignere	(er)zeugen, gebären, hervorbringen
gladiātor, -ōris	Gladiator 33
gladius	Schwert
glōria	Ruhm
glōriārī	sich rühmen, prahlen 2
glōriōsus, a, um	ruhmvoll, prahlerisch 35
gradus, -ūs	Schritt, Stufe, Rang
grātia	Dank, Gunst, Anmut
grātiā (Präp. m. Gen.)	um ... willen, wegen 36
grātīs (Adv.)	umsonst (kostenlos)
grātulārī	Glück wünschen, danken 16
grātus, a, um	angenehm, dankbar
gravis, e	schwer, gewichtig; ernst
gravitās, -ātis	Ernst, Würde
grex, gregis m.	Herde, Schar
gubernāre	steuern, leiten
gubernātor	Steuermann, Lenker

H

habēre	haben, halten (für)
habitāre	wohnen, bewohnen
haerēre	hängen, stecken
haruspex, -icis	Opferbeschauer, Zeichendeuter
hasta	Lanze
haud	nicht 5
haurīre	schöpfen, trinken
herba	Pflanze, Gras
herc(u)le!	beim Herkules!
heres, -ēdis	der Erbe
herī (Adv.)	gestern
hīc (Adv.)	hier
hic, haec, hoc	dieser, diese, dieses
hiems, hiemis	Winter
hinc	von hier aus; von jetzt an 29
hodiē (Adv.)	heute
hodiernus, a, um	heutig, gegenwärtig 29
homō, -inis	Mensch
honestās, -ātis	Ehre, Ansehen, Anstand 17
honestus, a, um	angesehen, anständig
honōs (honor), -ōris	Ehre, Ehrenamt
hōra	Stunde, (Jahres-)Zeit
horrēre	schaudern, sich sträuben
horridus, a, um	rau, schrecklich 2
hortārī	ermutigen, anfeuern 2
hortus	Garten

hospes, -itis	Gastfreund (Gastgeber oder Gast); Fremder	immō	ja sogar; vielmehr, im Gegenteil
hospitium	Gastfreundschaft; Herberge 3	immolāre	opfern 18
		immortālis	unsterblich
hostia	Opfertier	impedīmentum	Hindernis; Pl. Gepäck
hostīlis, e	feindlich, feindselig 14	impellere	antreiben, veranlassen
hostis, -is	Feind	impendēre	hängen (über), bevor-
hūc (Adv.)	hierher		stehen
humānitās, -ātis	Menschlichkeit, Bildung	impéndere	aufwenden
humānus, a, um	menschlich, gebildet	imperāre	befehlen, gebieten
humī (Lok.)	auf dem Boden	imperātor, -ōris	Feldherr, Kaiser
humilis, e	niedrig, gering	imperium	Befehl, Herrschaft, Reich
humus f.	Erde, Erdboden, Boden	impetrāre	durchsetzen, erreichen
humum (Akk.)	auf die Erde, auf den Boden	impetus, -ūs	Ansturm, Angriff
		impius, a, um	gottlos, frevelhaft
		implēre	einfüllen, erfüllen
		implōrāre	anflehen, erflehen
		impōnere	hineinlegen, auflegen, aufbürden

I

iacēre	liegen, darniederliegen	imprīmīs (Adv.)	vor allem, besonders
iácere	werfen, schleudern	improbus, a, um	schlecht, böse
iactāre	(hin und her) werfen	in (m. Akk.)	in, an, auf, gegen (Frage: wohin?)
iam (Adv.)	schon, bereits		
nōn iam	nicht mehr	in (m. Abl.)	in, an, auf (Frage: wo?)
ibi	dort	inānis, e	leer, nichtig 16
ictus, -ūs	Hieb, Stoß, Schuss 2	incendere	anzünden, entflammen
īdem, éadem, idem	derselbe, der nämliche; der gleiche	incendium	Brand
		inceptum	Beginn, Vorhaben 10
ideō	deshalb	incertus, a, um	ungewiss, unsicher, unzu-
idōneus, a, um	geeignet, passend		verlässig
Idūs Mārtiae	der 15. März, die Iden des März 26	incidere	(hinein)geraten; sich ereignen
igitur	also	incipere	anfangen, beginnen
ignārus, a, um	unkundig, ohne Kennt- nis 11	incitāre	antreiben, aufregen, begeistern
ignāvia	Untätigkeit, Feigheit 12	inclūdere	einschließen
ignāvus, a, um	untätig, feig	incola	Einwohner, Bewohner
ignis, -is m.	Feuer	incolere	bewohnen, siedeln
ignōminia	Schande, Ehrlosigkeit	incolumis, e	unversehrt, heil 12
ignōrāre	nicht wissen, nicht kennen	incommodum	Nachteil, Unglück 17
nōn ignōrāre	gut kennen, sehr wohl wissen	incrēdibilis, e	unglaublich, unglaub- würdig 23
ignōscere	verzeihen	increpāre	erschallen, schelten
ignōtus, a, um	unbekannt	inde (Adv.)	von dort, dann, daher
īlicō (Adv.)	auf der Stelle, sofort	indīcere	ankündigen
ille, illa, illud	jener, der dort	indicium	Anzeige, Kennzeichen 29
illūc (Adv.)	dorthin	indignārī	sich empören, sich ent-
illūstris, e	hell, klar; berühmt 8		rüsten 9
imāgō, -inis	Bild	indūcere	einführen, verführen
imber, imbris m.	Regenguss, Regen	induere	bekleiden, anziehen
imbuere	benetzen, tränken (mit)	indulgēre	nachgeben
imitārī	nachbilden, nachahmen 5	industria	Betriebsamkeit, Fleiß
immānis, e	ungeheuerlich, entsetz- lich, riesig 32	indūtiae, -ārum	Waffenstillstand, Waffen- ruhe 8
immemor, -oris	uneingedenk, unbeküm- mert 26	inesse	darin sein; stecken (in)
		īnfāns, īnfantis m.	Kind (noch nicht sprechend)
imminēre	in die Höhe ragen, drohen		

īnferī, -ōrum — die Unterirdischen, die Unterwelt

īnferior, -ōris — der untere

īnferre — hineintragen, beibringen 22

īnfestus, a, um — feindlich, kampfbereit 24

īnfimus, a, um — (der) unterste

īnfīnītus, a, um — unendlich, grenzenlos 11

īnfirmus, a, um — schwach, krank

īnflammāre — entflammen, entzünden

īnfrā (m. Akk.) — unterhalb, unter

ingenium — Anlage, Begabung

ingēns, ingentis — ungeheuer, gewaltig, riesig

ingrātus, a, um — undankbar

ingravēscere — schwerer werden; sich verschlimmern

íngredī — einherschreiten, betreten 6

inicere — hineinwerfen, einjagen 17

inimīcitiae, -ārum — Feindschaft, Feindseligkeit

inimīcus, a, um — feindlich; Subst.: Feind

inīre — betreten, hineingehen; beginnen

initium — Anfang, Beginn

iniūria — Unrecht, Beleidigung

iniūstus, a, um — ungerecht, widerrechtlich

innumerābilis, e — unzählbar, zahllos

innocēns, -entis — unschuldig, unbescholten

inopia — Mangel, Not

inopīnāns, -antis — ahnungslos 12

inquīrere — untersuchen, nachforschen 39

inquit — sagt(e) er/sie

īnsidiae, -ārum — Hinterhalt, Überfall

īnsigne, -is n. — Zeichen, Kennzeichen 40

īnsignis, e — ausgezeichnet, kenntlich

īnsimulāre — beschuldigen, anklagen 27

īnsistere — hintreten, innehalten

īnsitus, a, um — eingepflanzt

īnstāre — bevorstehen; zusetzen

īnstituere — einrichten, unterrichten

īnstitūtum — Einrichtung, Sitte, Brauch 13

īnstruere — aufstellen, ausstatten; unterrichten

īnstrūmentum — Werkzeug, Gerät, Hilfsmittel 29

īnsula — Insel; Mietshaus, Wohnblock

índeger, integra, integrum — unberührt, rein, untadelig

intellegere — einsehen, verstehen

intendere — anspannen, richten auf

intentus, a, um — (an)gespannt, eifrig 10

inter (m. Akk.) — zwischen, unter (Menschen), während

interclūdere — (ab)sperren 34

interdum (Adv.) — manchmal

intereā (Adv.) — inzwischen

interesse — dabei sein, teilnehmen

interest — es ist wichtig, es ist ein Unterschied 10

interficere — niedermachen, töten

interim (Adv.) — inzwischen 5

interior, -ōris — (der) innere

interīre — untergehen, umkommen

interitus, -ūs — Untergang 14

interrogāre — befragen, fragen

intervallum — Zwischenraum, Zwischenzeit 37

intrā (m. Akk.) — innerhalb

intrāre — eintreten, hineingehen

intuērī — anschauen, betrachten 3

inundāre — überschwemmen 21

invādere — eindringen, angreifen

invenīre — finden, erfinden

investīgāre — aufspüren, erkunden

invidēre — missgönnen, beneiden

invidia — Neid, Anfeindung

invīsus, a, um — verhasst

invītāre — einladen, auffordern 12

invītus, a, um — gegen den Willen, ungern 11

iocus — Scherz, Spaß 25

ipse, ipsa, ipsum — selbst, persönlich

īra — Zorn

īrātus, a, um — erzürnt, zornig

īre — gehen

irrīdēre — verlachen, verspotten 10

irrumpere — einbrechen, eindringen 21

is, ea, id — diese(r), dieses; der, die, das

iste, ista, istud — dieser, (dieser dein, dieser euer)

ita — so

ita – ut — so … wie

ítaque — daher, deshalb

item — ebenso

iter, itineris n. — Reise, Marsch, Weg

iterum — wiederum, zum zweiten Mal

iterum atque iterum — immer wieder

iubēre — beauftragen, befehlen

iūcundus, a, um — erfreulich, angenehm

iūdex, -icis — Richter

iūdicāre — urteilen, beurteilen

iūdicium — Urteil, Gericht

iugum — Joch, Bergrücken 3

iungere — verbinden, vereinigen

iūniōrēs, -um — junge Männer (bis zum 45. Lebensjahr) 15

iūrāre	schwören
iūs, iūris n.	Recht
iūre	mit Recht
iūs iūrandum	Eid, Schwur 15
iussū (Abl.)	auf Befehl
iūstitia	Gerechtigkeit
iūstus, a, um	gerecht, richtig
iuvāre	unterstützen, erfreuen
iuvenis, -is	junger Mann
iuventūs, -ūtis	Jugend
iuxtā (m. Akk.)	nahe bei, neben

L

lābī	gleiten, stürzen 5
labor, -ōris	Arbeit, Mühe, Anstrengung
labōrāre	arbeiten; leiden
lac, lactis n.	Milch
lacessere	reizen, herausfordern
lacrima	Träne
lacus, -ūs	See, Wasserbecken
laedere	stoßen, verletzen
laetārī	sich freuen 23
laetitia	Freude, Fröhlichkeit 16
laetus, a, um	fröhlich
lapis, -idis m.	Stein
lar, laris	Lar, Schutzgottheit 20
largīrī	schenken, spenden 4
latēre	verborgen sein
lātus, a, um	breit
latus, -eris	Seite, Flanke 30
laudāre	loben
laus, laudis	Lob, Ruhm
lavāre	waschen
lectus	Bett, Liege
lēgātus	Gesandter
legere	lesen, auslesen
legiō, -ōnis	Legion
legiōnārius	Legionssoldat 34
lēnīre	lindern, besänftigen
lēnis, e	mild, sanft
lentus, a, um	langsam, zäh
leō, -ōnis m.	Löwe
levāre	erleichtern, lindern; (er)heben
levis, e	leicht, gering, leichtsinnig
lēx, lēgis	Gesetz
libenter (Adv.)	gerne
liber, libri	Buch
līber, era, erum	frei, freimütig
liberālitās, -ātis	Großzügigkeit, Freigebigkeit 24
līberāre	befreien
līberī, -ōrum	Kinder

lībert(īn)us, a, um	freigelassen; Subst.: Freigelassener
lībertās, -ātis	Freiheit
libīdō, -inis	Begierde, Lust 20
licet	es ist erlaubt, man darf
lictor, -ōris	Liktor
lignum	Holz 36
līmen, -inis	Schwelle 9
līmes, -itis m.	Rain, Grenze, Grenzwall, Weg 36
lingua	Zunge; Sprache
littera	Buchstabe
litterae, -ārum	Wissenschaft(en), Brief
lītus, -oris	Küste, Strand
locus	Ort, Platz, Stelle
longē (Adv.)	weithin, bei weitem 1
longus, a, um	lang
loquī	sprechen, reden 5
lucrum	Gewinn 36
lūctus, -ūs	Trauer 28
lūdere	spielen, scherzen
lūdibrium	Spiel, Spielzeug, Spott 26
lūdus	Spiel, Schule
lūgēre	trauern, betrauern 14
lūmen, -inis	Licht, Augenlicht
lūna	Mond
luscinia	Nachtigall
lustrum	Reinigungsopfer, Fünfjahresfeier 30
lūx, lūcis	Licht, Tageslicht
luxuria	Luxus, Verschwendungssucht
luxuriōsus, a, um	ausschweifend 20
luxus, -ūs	Genusssucht, Ausschweifung, Luxus 20

M

mactāre	opfern, schlachten 30
maeror, -ōris	Trauer, Wehmut
magis (Adv.)	mehr (in höherem Grade)
magis – quam	mehr – als
magister, -trī	Leiter, Lehrer; Kapitän
magistrātus, -ūs	Amt, Beamter
magnificus, a, um	großartig, prächtig 21
magnitūdō, -inis	Größe
magnopere (Adv.)	sehr 1
magnus, a, um	groß, bedeutend
māiestās, -ātis	Größe, Erhabenheit, Würde 27
māior, maius	größer, älter
māior nātū	der Ältere
māiōrēs, -um	Vorfahren
mālle	lieber wollen 13
malum	Übel, Leid
malus, a, um	schlecht, schlimm, böse
mānāre	fließen, sich verbreiten 33

145

mandāre	übergeben, anvertrauen, auftragen	minor, minus	kleiner, geringer, jünger
mandātum	Auftrag, Befehl 6	minuere	mindern, vermindern
māne (Adv.)	morgens, früh	minus (Adv.)	weniger
manēre	bleiben, (er)warten	mīrābilis, e	bewundernswert, erstaunlich 34
manus, -ūs f.	Hand, Schar	mīrārī	sich wundern 31
mare, -is n.	Meer	mīrus, a, um	wunderbar, sonderbar
marítimus, a, um	am Meer gelegen, Meer-	miscēre	mischen, verwirren
marītus	Ehemann	miser, era, erum	elend, unglücklich
marmoreus, a, um	aus Marmor 30	miserābilis, e	beklagenswert, erbärm-
māter, mātris	Mutter		lich 36
mātrimōnium	Ehe	miserārī	beklagen, bedauern 2
mātūrāre	sich beeilen, beschleuni- gen 40	miserērī (m. Gen.)	sich erbarmen 5
		miseria	Elend, Unglück
māximus, a, um	der größte, sehr groß	misericordia	Mitleid, Barmherzigkeit
medicus	Arzt	mittere	gehen lassen, schicken
meditārī	nachdenken, sinnen (auf) 10	moderārī	(m. Akk.) lenken (m. Dat.) mäßigen 2
medius, a, um	(der) mittlere, mitten	modestus, a, um	bescheiden 33
melior, melius	besser	modo – modo	bald – bald 32
membrum	Glied	modus	Maß, Art und Weise
memor, oris (m. Gen)	eingedenk	moenia, -ium n.	Stadtmauer(n)
		mōlēs, -is	Masse, Last; Hafenmauer
memorābilis, e	denkwürdig 25	molestus, a, um	lästig, beschwerlich
memorāre	erwähnen, berichten 18	mōlīrī	in Bewegung setzen, unternehmen 7
memoria	Gedächtnis, Andenken		
mēns, mentis	Geist, Gesinnung, Ver- stand	mollīre	erweichen, mildern
		mollis, e	weich, weichlich, mild
mēnsa	Tisch	monēre	mahnen
mēnsis, -is m.	Monat	mōns, montis m.	Berg
mentīrī	lügen, vorspiegeln 4	mōnstrāre	zeigen
mercātor, -ōris	Kaufmann	mōnstrum	Wunderzeichen, Unge- heuer
mercēs, -ēdis f.	Lohn, Sold 25		
merēre	verdienen	monumentum	Denkmal, Grabmal
merērī (dē)	sich verdient machen (um) 3	mora	Aufschub, Weile
		sine morā	unverzüglich
mergere	eintauchen, versenken	morārī	verweilen, (sich) auf- halten 2
merīdiēs, -eī m.	Mittag, Süden		
meritō (Adv.)	verdientermaßen, mit Recht 32	morbus	Krankheit
		morī	sterben 6
meritum	(das) Verdienst 21	mors, mortis	Tod
merx, mercis	Ware	mortālis, e	sterblich
mētīrī	(ab)messen, bemessen 8	mortuus, a, um	tot, gestorben
metuere	fürchten	mōs, mōris	Sitte, Brauch; Pl.: Charakter
metus, -ūs	Furcht		
meus	mein	mōtus, -ūs	Bewegung, Erregung
mi (Vok. von meus)	mein (lieber)	movēre	bewegen
		mox (Adv.)	bald, hernach
migrāre	wandern, auswandern	muliebris, e	weiblich 29
mīles, -itis	Soldat, Krieger	mulier, -eris	Frau, Ehefrau
mīlitāris, e	soldatisch, kriegerisch	multāre	bestrafen
mīlitia	Kriegsdienst	multī, ae, a	viele
mīlle	1000	multitūdō, -inis	Menge, Übermacht
minae, -ārum	Drohungen 3	multum (Adv.)	viel, oft, weit
minārī	drohen, androhen 14	mundus	Welt, Weltall
minimus, a, um	(der) kleinste, sehr klein	mūnicipium	Landstadt, Kleinstadt 21
minister, -tri	Diener, Helfer	mūnīre	befestigen, sichern

sē mūnīre	sich verschanzen 34		nex, necis	(gewaltsamer) Tod, Mord
mūnītiō, -ōnis	Schanzarbeit, Befestigung 36		niger, gra, grum	schwarz, dunkel
mūnus, -eris	Aufgabe, Amt; Geschenk		nihil (nīl)	nichts
			nihil nisi	nichts außer, nur
mūrus	Mauer		nihilō minus	trotzdem 33
mūs, mūris m.	Maus		nīmīrum (Adv.)	allerdings, natürlich 16
mūtāre	ändern, vertauschen		nimis (Adv.)	zu sehr, allzu sehr
mūtuus, a, um	gegenseitig 17		nimius, a, um	zu groß, zu viel
			nisi	wenn nicht; außer wenn
			nītī	sich stützen, streben 6
			nix, nivis f.	Schnee 16
			nōbilis, e	berühmt; vornehm, adelig

N

			nōbilitās, -ātis	Berühmtheit, Adel
nam	denn		nocēre	schaden
nancīscī	erlangen, erreichen 11		nocturnus, a, um	nächtlich 32
narrāre	erzählen		nōlle	nicht wollen 13
nāscī	geboren werden, entstehen 6		nōmen, -inis	Name
nātālis, e	Geburts- 40		nōmine (Abl.)	dem Namen nach 33
nātiō, -ōnis	Volksstamm, Volk		nōmināre	nennen, benennen
nātūra	Natur, Wesen		nōn	nicht
nātū (Abl.)	von Geburt		nōn iam	nicht mehr
nātus (Adj.)	geboren		nōn ignōrāre	gut kennen, wohl wissen
nauta	Seemann, Matrose		nōn nisi	nicht außer, nur
nāvigāre	(Schiff) fahren, segeln		nōn sōlum – sed etiam	nicht nur ... sondern auch
nāvigium	Schiff			
nāvis, -is	Schiff		nōndum	noch nicht
nē – quidem	nicht einmal, auch nicht		nōnnūllī, ae, a	einige, manche
nē	dass nicht, damit nicht		nōnnumquam	manchmal, bisweilen
(timēre) nē	(fürchten) dass		nōscere	kennen lernen
nebula	Nebel, Dunst 1		nota	Merkmal, Zeichen; Rüge 16
necāre	töten			
necessārius, a, um (Adv. -ō)	notwendig		nōtus, a, um	bekannt
			nōvisse	kennen
necessitās, -ātis	Notwendigkeit, Notlage 19		novus, a, um	neu, neuartig
			nox, noctis	Nacht
nectere	(ver)knüpfen		nūbere (alicui virō)	sich vermählen, heiraten 26
nefārius, a, um	frevelhaft, verrucht 17			
nefās (indekl.)	Unrecht, Frevel		nūbēs, -is	Wolke
negāre	verneinen, verweigern, ablehnen		nūdus, a, um	nackt, entblößt
			nūllus, a, um	kein
neglegere	vernachlässigen, missachten		num?	etwa?
			nūmen, -inis	göttliche Macht, Gottheit
negōtium	Geschäft, Aufgabe			
nēmō	niemand		numerāre	zählen, rechnen (zu)
nemus, -oris	Hain		numerus	Zahl, Anzahl
neque (nec)	und nicht, auch nicht, nicht einmal		nummus	Münze, Geldstück
			numquam	niemals, nie
neque – neque (nec – nec)	weder – noch		nunc	nun (aber), jetzt
			nūntiāre	melden
neque vērō	und doch nicht, indes nicht		nūntius	Botschaft, Bote
			nūper (Adv.)	neulich, kürzlich
nequīquam (Adv.)	vergeblich 10		nuptiae, -ārum	Hochzeit(sfeier)
nescīre	nicht wissen, nicht kennen		nusquam	nirgends
			nūtāre	schwanken 39
nĕuter, -tra, -trum	keiner (von zweien) 19			

147

O

obesse	schaden 5
obicere	entgegenwerfen, vorwerfen
obīre	1. aufsuchen, übernehmen 2. sterben (mortem obīre)
obligāre	verbinden, verpflichten 15
oblīvīscī (m. Gen.)	vergessen 5
obscūrus, a, um	dunkel, verborgen
óbsequī	nachgeben, gehorchen 12
observāre	beobachten, beachten
obses, obsidis m.	Geisel 15
obsidēre	belagern
obstāre (m. Dat.)	im Wege stehen, hindern
obstringere	verstricken, verpflichten 26
obtestārī	beschwören, als Zeugen anrufen 3
obtinēre	festhalten, behaupten
obviam (Adv.)	entgegen
occāsiō, -ōnis	Gelegenheit
occāsus, -ūs (sōlis)	Untergang, Westen 1
occidēns, -entis m.	Westen
occídere	fallen, untergehen
occīdere	niederhauen, töten
occultāre	verbergen
occupāre	besetzen
occurrere	begegnen, entgegentreten
oculus	Auge
odium	Hass
odor, -ōris	Geruch, Duft
offendere	anstoßen, treffen; beleidigen
offerre	anbieten, darreichen 22
officium	Pflicht
ōlim	einst
olīva	Olive; Ölbaum, Ölzweig 8
ōmen, -inis	Vorzeichen
omittere	beiseite lassen, aufgeben
omnis, e	jeder, all, ganz
onerāre	belasten, beladen
onus, -eris	Last, Ladung
opera	Arbeit, Mühe
operīre	bedecken; verschließen
opēs, -um	Schätze, Reichtum; Macht
opīnārī	meinen, glauben 2
opīniō, -ōnis	Meinung
oportet	es gehört sich, es ist dienlich 6
oppidum	(Land-)Stadt, Festung
opportūnus, a, um	günstig
opprimere	unterdrücken, überfallen, überwältigen

oppūgnāre	angreifen, bestürmen
oppūgnātiō, -ōnis	Sturmangriff, Belagerung 37
optāre	wünschen
optimātēs, -um bzw. -ium	Optimaten, Aristokraten 13
optimus, a, um	(der) beste, sehr gut
opus, -eris	Werk
ōra	Küste
ōrāculum	Götterspruch, Orakel
ōrāre	reden, bitten
ōrātiō, -ōnis	Rede
ōrātor, -ōris	Redner
orbis, -is m.	Kreis, Scheibe
ōrdīrī	anfangen, beginnen 4
ōrdō, -inis m.	Reihe, Ordnung, Stand
orīgō, -inis	Ursprung
orīrī	entstehen, sich erheben, abstammen 6
ōrnāmentum	Ausrüstung, Schmuck
ōrnāre	ausstatten, schmücken
ortus, -ūs	Entstehung, Aufgang (der Sonne)
ōs, ōris n.	Mund, Gesicht
os, ossis n.	Knochen; Pl.: Gebeine
ōsculum	Kuss
ostendere	zeigen, entgegenstrecken
ōstium	Mündung, Eingang, Tür
ōtiōsus, a, um	unbeschäftigt, ruhig, friedlich 27
ōtium	Muße, Ruhe
ovis, -is	Schaf

P

pācāre	befrieden, unterwerfen 27
paenē (Adv.)	beinahe, fast
paenitet	es reut, es enttäuscht 14
pāgus	Gau, Gemeinde 21
palūs, -ūdis f.	Sumpf 2
pānis, -is m.	Brot
pār, paris	gleich(wertig)
parāre	(vor)bereiten, vorhaben (zu tun), erwerben
parātus, a, um	bereit, entschlossen
parcere	sparen, schonen
parcus, a, um	sparsam, kärglich
parentēs, -um	Eltern
párere	hervorbringen, gebären; erwerben
pārēre	gehorchen
pariēs, -etis m.	Wand
pars, partis	Teil
particeps, -ipis (m. Gen.)	teilhaftig, beteiligt 9
partim – partim	teils – teils 35

parum (Adv.)	zu wenig
parvus, a, um	klein, gering
pāscere	füttern, weiden
passus, -ūs	Schritt
pāstor, -ōris	Hirte
patefacere	öffnen, aufdecken
pater, patris	Vater; Pl.: Senatoren, Patrizier
paternus, a, um	väterlich, (vom Vater) ererbt 14
patēre	offen stehen
patī	leiden, dulden, zulassen 6
patiēns, -entis	geduldig, fähig zu ertragen 1
patientia	Geduld, Ausdauer
patria	Vaterland, Heimat
patricius, a, um	patrizisch; Subst.: Patrizier
patrius, a, um	väterlich, heimisch 12
patrōnus	Anwalt, Schutzpatron
paucī, ae, a	wenige
paulō post (Adv.)	wenig später
paulum (Adv.)	ein wenig
pauper, eris	arm
paupertās, -ātis	Armut
pavor, -ōris	Angst, Furcht
pāx, pācis	Friede
peccāre	einen Fehltritt tun, sündigen
pectus, -oris	Brust
pecūnia	Geld, Vermögen
pecus, pécoris n.	Vieh, Herde
pecus, pécudis f.	(Stück) Vieh, Schaf
pedes, -itis	Soldat (Infanterist)
pedester, pedestris, pedestre	zu Fuß
pēior, pēius	schlechter, geringer, schlimmer
pellere	stoßen, (ver)treiben
pellis, -is	Fell, Pelz
penātēs, -ium m.	Hausgötter, Haus
péndere	abwiegen, bezahlen
pendēre	hängen, schweben
penes (Präp. m. Akk.)	bei, im Besitz 20
penetrāre	eindringen, durchdringen
penna	Feder, Flügel
per (m. Akk.)	durch, hindurch
percellere	erschüttern
percipere	erfassen, wahrnehmen
percontārī	untersuchen, sich erkundigen 2
percutere	durchstoßen, erschüttern
perdere	verderben, verlieren
peregrīnus, a, um	fremd, ausländisch 12
perferre	überbringen, ertragen 22
perficere	vollenden, durchsetzen
perfidia	Treulosigkeit

perfidus, a, um	treulos 7
perfugium	Zufluchtsort 32
pergere	fortfahren (etw. zu tun); aufbrechen
perīculōsus, a, um	gefährlich
perīculum	Gefahr
perīre	zugrunde gehen
perītus, a, um	erfahren, kundig
permittere	überlassen, erlauben
permovēre	bewegen, erregen, veranlassen
permulti, ae, a	sehr viele 4
perniciēs, -ēī	Verderben, Untergang
perpetuus, a, um	durchgehend, ununterbrochen 30
pérsequī	verfolgen, folgen 10
persōna	Maske, Rolle; Person
perspicere	durchschauen, erkennen
persuādēre	überreden, überzeugen
perterrēre	erschrecken, einschüchtern
pertimēscere	in Furcht geraten
pertinēre	sich erstrecken, sich beziehen auf
perturbāre	verwirren, stören 19
pervenīre	(ans Ziel) gelangen
pēs, pedis m.	Fuß
pessimus, a, um	(der) schlechteste, schlimmste; sehr schlecht, schlimm
pestis, -is	Seuche, Unheil; Unhold 22
petere	(er)bitten, erstreben; angreifen
philosóphia	Philosophie
philósophus	Philosoph
pietās, -ātis	Pflichtbewusstsein, Frömmigkeit
pingere	malen, ausmalen
pīrāta	Seeräuber
piscis, -is m.	Fisch
pius, a, um	rechtschaffen, fromm
plācāre	glätten, besänftigen 5
placēre	gefallen
(mihi) placet	ich finde gut, meine beschließe
plēbēius, a, um	plebejisch; Subst.: Plebejer
plēbs, plēbis	Volksmenge, Plebs
plēnus, a, um	voll
plērīque	(die) meisten, sehr viele 24
plērumque (adv. Akk.)	meist, meistens
plūrimum	am meisten
plūs	mehr
pōculum	Becher, Trank
poena	Strafe
poenās dare	bestraft werden 3

poēta	Dichter	praedium	Grundstück, Landgut 20
pollicērī	versprechen 5	praeesse	vorgesetzt sein, leiten,
pōnere	setzen, stellen, legen		an der Spitze stehen
pōns, pontis m.	Brücke 28	praefectus	Befehlshaber 16
pontifex, -icis	Priester, Oberpriester 28	praeferre	vorantragen, vorziehen 22
populārēs, -ium	Anhänger der Volks-	praeficere	an die Spitze stellen
	partei 13	praemium	Belohnung
populārī	verheeren, plündern 21	praesēns, praesentis	anwesend, gegenwärtig
populus	Volk	praesertim cum	zumal da 27
porrigere	hinstrecken, darreichen	praesidium	Schutz, Besatzung
porrō (Adv.)	weiter(hin), ferner	praestāre (m. Dat.)	voranstehen, übertreffen
porta	Tor, Pforte	praestat (m. AcI)	es ist besser
portāre	tragen, bringen	praestāre (m. Akk.)	leisten, erweisen
porticus, -ūs f.	Säulenhalle, offene Halle	fidem praestāre	Wort halten
portus, -ūs	Hafen	praeter (m. Akk.)	an ... vorbei, außer
poscere	fordern, verlangen	praetereā	außerdem
posse	können, vermögen	praeterīre	vorbeigehen, übergehen
possessiō, -ōnis	Besitz	praetermittere	vorübergehen lassen,
possidēre	besitzen		unterlassen 21
post (m. Akk.)	hinter, nach	praetor, -ōris	Prätor (Gerichtspräsi-
posteā (Adv.)	nachher, später		dent)
posterior, -ōris	(der) spätere	prātum	Wiese
posterus, a, um	folgend; Pl. die Nach-	prāvus, a, um	verkehrt, schlecht 19
	kommen, Nachwelt	precārī	bitten, beten;
in posterum	späterhin, künftig		wünschen 40
posthāc (Adv.)	von nun an, künftig 22	precēs, -um	Bitten, Gebet
postquam	nachdem	prehendere	ergreifen
postrēmō (Adv.)	zuletzt	premere	drücken, bedrängen
postrēmus, a, um	(der) letzte	pretium	Preis, Wert
postrīdiē (Adv.)	am nächsten Tag, tags	prīdem (Adv.)	längst, vor langer Zeit
	darauf	prīmō (Adv.)	zuerst, anfangs
postulāre	fordern, verlangen	prīmum (Adv.)	zum ersten Mal, zuerst
pōtāre	trinken, zechen	prīmus, a, um	(der) erste, vorderste
potēns, potentis	mächtig	prīnceps, prīncipis	der Erste; Fürst
potentia	Macht, Gewalt	prīncipātus, -ūs	Vorherrschaft, Vorrang
potestās, -ātis	(Amts)gewalt	prīncipium	Anfang
potīrī (m. Abl.)	sich bemächtigen (einer	prior, prius	(der) vordere, frühere
	Sache) 4	prīscus, a, um	alt, altehrwürdig 15
potius (Adv.)	lieber, vielmehr, eher 19	prīstinus, a, um	früher, ehemalig 24
prae (m. Abl.)	vor, aus	prius (Adv.)	früher, zuvor
prae sē ferre	vor sich hertragen,	priusquam	ehe, bevor
	zeigen 22	prīvātus, a, um	einem Privatmann
praebēre	darreichen, gewähren;		gehörend, privat
	(sich) zeigen (als)	prō (m. Abl.)	vor, für, anstatt
praeceps, -cipitis	kopfüber, überstürzt,	probāre	prüfen, billigen
	geneigt 32	probrum	Vorwurf, Schande 18
praeceptum	Weisung, Lehre, Vor-	probus, a, um	tüchtig, redlich, gut
	schrift 9	prōcēdere	vorrücken
praecipere	vorschreiben, vor-	procul (Adv.)	fern, weit
	wegnehmen	prōcumbere	sich vorbeugen, sich
praecipitāre	hinabstürzen		niederwerfen 39
praeclārus, a, um	glänzend, berühmt, vor-	prōdere	überliefern, verraten
	trefflich	prōdesse	nützlich sein, nützen
praeda	Beute	prōdigium	Wunderzeichen, (schlim-
praedicāre	ausrufen, rühmen 38		mes) Vorzeichen,
praedīcere	voraussagen, vorschrei-		Ungeheuer 5
	ben 29	prōdīre	(her)vorgehen, auftreten

prōdūcere	vorführen, hervorbringen 1
proelium	Gefecht, Kampf
profectō (Adv.)	in der Tat, wirklich
prōferre	hervorbringen, erweitern 24
proficīscī	aufbrechen, (ab)marschieren 5
profitērī	(öffentlich) erklären, angeben, bekennen 3
profugere	(sich) flüchten
prōgeniēs, -ēī	Abstammung, Nachkommenschaft 26
prōgredī	vorrücken, sich versteigen zu 6
prohibēre	abhalten, (ver)hindern
prōicere	hinwerfen
proinde (Adv.)	daher; ebenso 15
prōmittere	versprechen
prōnūntiāre	verkünden, bekanntmachen 20
prope (m. Akk.)	nahe, nahe bei
prope (Adv.)	nahe, in der Nähe
properāre	eilen, sich beeilen
propinquus, a, um	nahe, verwandt; Subst.: Verwandter
prōpōnere	vorlegen, in Aussicht stellen, (sich) vornehmen
proprius, a, um	eigen, eigentümlich, wesenhaft 20
propter (m. Akk.)	wegen
proptereā (Adv.)	deswegen
prōrsus (Adv.)	geradezu, völlig 20
prōscrībere	bekannt geben, ächten 22
prosper, era, erum	günstig, erwünscht 25
prōtegere	schützen, schirmen
prōtinus (Adv.)	vorwärts, sofort 21
prōvidēre	(m. Akk.) vorhersehen; (m. Dat.) vorsorgen, sorgen für 18
prōvincia	Provinz (Amtsbereich)
proximus, a, um	(der) nächste
prūdēns, -entis	klug, erfahren
prūdentia	Klugheit, Vorsicht
pūblicus, a, um	öffentlich, staatlich
pudet	es beschämt 14
pudor, -ōris	Scham, Scheu, Ehrgefühl
puella	Mädchen
puer, -erī	Knabe, Kind
pueritia	Kindheit, Jugend(alter) 2
pugna	Kampf
pugnāre	kämpfen
pulcher, pulchra, pulchrum	schön, herrlich
pulchritūdō, -inis	Schönheit 7
pulvis, -eris m.	Staub
pūnīre	bestrafen

pūrus, a, um	rein, klar
putāre	einschätzen, meinen, halten für

Q

quaerere	suchen, fragen
quaesō	(ich) bitte 29
quaestiō, -ōnis	Frage, Untersuchung 18
quaestor, -ōris	Quästor, Finanzbeamter 25
quālis, e	wie beschaffen? was für ein? welch?
quam	wie, als (beim Vergleich); möglichst (beim Superlativ) 8
quamquam	obwohl
quandō?	wann?
quantō – tantō	um wie viel – um so viel, je – desto 33
quantopere (Adv.)	wie sehr
quantus, a, um	wie groß; wie (nach tantus)
quasi	wie wenn, als ob; gleichsam
quatere	schütteln, erschüttern
-que	und
quemadmodum	wie, auf welche Weise 38
querī	klagen, (sich) beklagen 5
quī, quae, quod (Relativpron.)	welcher, welche, welches der, die, das
quī, quae, quod (adj. Fragepron.)	welcher, welche, welches
qui(s)/aliquis	irgendein(er), jemand
quia	weil, da
quīdam, quaedam, quoddam (quiddam)	ein gewisser, ein(er)
quidem (Adv.)	freilich, gerade, allerdings, zwar 4
quiēs, quiētis	Ruhe, Erholung
quiēscere	ruhen
quiētus, a, um	ruhig, friedlich
quīlibet	jeder Beliebige 20
quīn	1. wieso nicht 2. dass 39
quīn etiam	ja sogar 1
quis? quid?	wer? was?
quisque	jeder 20
quīvīs	jeder Beliebige 20
quō – eō (beim Komp.)	je ... desto, je .. um so
quō?	wohin?
ā quō?	von wem?
quoad	solange (bis) 37
quod	weil, da
quōmodo (Adv.)	auf welche Weise, wie?

151

quondam	einst, einmal
quoniam	weil (schon), da ja 17
quoque	auch
quīntō quōque annō	alle vier Jahre (in jedem fünften Jahr) 7
quot?	wie viele?
quotannīs (Adv.)	alljährlich 28
quotiēns	sooft, jedes Mal wenn 37
quotus?	der wievielte?

R

rādīx, -īcis	Wurzel 21
rapere	raffen, rauben
rapīna	Raub, Raubzug 1
raptāre	wegschleppen, rauben
rārus, a, um (Adv. -ō)	selten, vereinzelt
ratiō, -ōnis	Vernunft, Art und Weise
recēns, -entis	frisch, neu
recipere	zurücknehmen, aufnehmen
sē recipere	sich zurückziehen
recitāre	vorlesen, vortragen
recordārī	sich erinnern (an) 4
rēctus, a, um	gerade, recht, richtig
recuperāre	wiederbekommen
recūsāre	ablehnen, sich weigern
reddere	(zurück)geben, machen zu
redigere	(zu etwas) machen; (in einen Zustand) bringen
redimere	loskaufen, (er)kaufen
redīre	zurückgehen, zurückkehren
reditus, -ūs	Rückkehr
referre	(zurück)bringen, berichten, beziehen auf 22
refertus, a, um	dicht (gedrängt), voll gestopft, gefüllt 4
reficere	wiederherstellen, erfrischen
regere	lenken, leiten
rēgīna	Königin
regiō, -ōnis	Richtung, Gegend
rēgius, a, um	königlich
rēgnāre	König sein, herrschen
rēgnum	Königreich, Königsherrschaft
religiō, -ōnis	Götterverehrung, Religion, Ehrfurcht
relinquere	zurücklassen, verlassen
reliquiae, -ārum	(Über-)Reste
reliquus, a, um	übrig, restlich
remedium	Heilmittel 1

reminīscī (m. Gen.)	sich erinnern 27
remittere	zurückschicken, nachlassen
remōtus, a, um	entfernt, fern
removēre	entfernen, wegschaffen
renovāre	erneuern
reperīre	finden
repetere	zurückfordern, wiederholen
reportāre	zurückbringen, melden 9
reprehendere	tadeln, kritisieren
repudiāre	zurückweisen, verschmähen
repugnāre	widerstehen, widersprechen 17
requīrere	aufsuchen, verlangen
rērī	(be)rechnen, meinen 4
rēs, reī	Sache, Ding
rē (Abl.)	tatsächlich 33
rēs adversae	Unglück (ungünstige Dinge)
rēs familiāris	Vermögen
rēs futūrae	Zukunft (zukünftige Dinge)
rēs gestae	Taten 7
rēs mīlitāris	Kriegswesen
rēs pūblica	Staat
rēs secundae	Glück (günstige Dinge)
rescindere	einreißen
resistere	widerstehen, innehalten
respicere	berücksichtigen, beachten
respondēre	antworten
respōnsum	Antwort, Bescheid
restāre	übrig bleiben 22
restituere	wiederherstellen
retinēre	zurückhalten
revocāre	zurückrufen, -bringen 27
reus	Angeklagter
rēx, rēgis	König
rīdēre	lachen, verlachen
rīpa	Ufer 11
rīte (Adv.)	feierlich, in gebräuchlicher Weise 35
rītus, -ūs	religiöser Brauch; Sitte, Art 12
rīvus	Bach 33
robur, -oris n.	Kraft, Stärke
rogāre	fragen, bitten
Rōmā (Abl.)	von Rom (aus)
rōstra, -ōrum	Rednerbühne 18
rotundus, a, um	rund
ruber, bra, brum	rot
ruīna	Sturz, Einsturz; Pl.: Trümmer 33
rūmor, -ōris	Gerede, Gerücht
rumpere	brechen, zerbrechen

rupēs, -is	(Fels-)Wand, Schlucht
rūrsus (Adv.)	wieder
rūs, rūris n.	Land, Landgut
rūrī (Lok.)	auf dem Lande
rūsticus, a, um	ländlich, bäuerlich; Subst.: Bauer

S

sacer, sacra, sacrum (m. Gen.)	heilig, geweiht
sacerdōs, -ōtis m. f.	Priester, Priesterin
sacrificāre	opfern
sacrificium	Opfer
saeculum	Zeitalter, Jahrhundert
saepe (Adv.)	oft
saepīre	einzäunen, umhegen
saevīre	wüten, toben
saevus, a, um	wild, wütend 40
sāl, salis m.	Salz
salīre	springen
saltus, -ūs	Waldgebirge 28
salūs, -ūtis	Wohlergehen, Heil, Rettung
salūtāre	grüßen
salūtāris, e	heilsam, nützlich 37
salvē!	sei gegrüßt!
salvus, a, um	heil, wohlbehalten, unverletzt 12
sānāre	heilen
sancīre	heiligen, festsetzen
sānctus, a, um	heilig, geweiht
sānē (Adv.)	ganz, allerdings 36
sanguis, -inis m.	Blut
sapiēns, -entis	weise, verständig
sapientia	Weisheit, Einsicht
satis (Adv.)	genug
satisfacere	befriedigen, Genüge tun
saxum	Stein(block), Fels
scaena	Bühne
scelerātus, a, um	verflucht, verbreche- risch 23
scelestus, a, um	frevelhaft; Subst.: Ver- brecher
scelus, -eris	Verbrechen, Frevel
scientia	Wissen, Kenntnis
scindere	zerreißen, spalten 39
scīre	wissen, kennen, verste- hen
scrībere	schreiben
scrīptor, -ōris	Schriftsteller
scūtum	der Schild 34
secāre	schneiden
sēcernere	absondern, trennen 35
sēcrētus, a, um	gesondert, abgelegen, geheim 16
sēcrētum	Einsamkeit, Geheimnis
sēcum	mit sich, bei sich
secundum (Präp. m. Akk.)	entlang, gemäß
secundus, a, um	(der) folgende, zweite; günstig
securis, -is	Beil, Axt 39
sēcurus, a, um	sorglos, unbekümmert
sed	aber, sondern
sēdāre	beruhigen, stillen
sedēre	sitzen
sēdēs, -is	Sitz, Wohnsitz
sēditiō, -ōnis	Zwist, Aufstand 13
semel	einmal
semper	immer, stets
sempiternus, a, um	immer während, ewig 29
senātor, -ōris	Senator
senātus, -ūs	Senat (Ältestenrat)
senectūs, -ūtis	Greisenalter, Alter
senex, senis	Greis
sēnsus, -ūs	Empfindung, Sinn
sententia	Meinung, Sinnspruch, Satz
sentīre	fühlen, meinen
sēparāre	absondern, trennen 30
sepelīre	bestatten, begraben 6
sepulcrum	Grab, Grabmal
sequī (m. Akk.)	folgen 5
serere	(aus)säen, pflanzen; verbreiten
seriēs, -iēī	Reihe, Reihenfolge
sermō, -ōnis m.	Gespräch, Sprache
sērō (Adv.)	spät, zu spät
serpēns, -entis f.	Schlange
servāre	bewahren, retten
servīre	dienen
servitūs, -ūtis	Knechtschaft, Sklaverei
servus – serva	Sklave – Sklavin
sevēritās, -ātis	Strenge 27
sevērus, a, um	ernst, streng
sī	wenn
sīc (Adv.)	so, auf diese Weise
sīcut (Adv.)	sowie, wie 12
sīdus, -eris	Sternbild, Gestirn
signāre	bezeichnen, versiegeln 26
signum	Zeichen, Bildnis
silentium	Schweigen, Stille
silēre	schweigen 8
silva	Wald
similis, e	ähnlich
simplex, -icis	einfach, schlicht
simul (Adv.)	gleichzeitig, zugleich
simul, simulac, simulatque	sobald 37
simulācrum	Bild, Götterbild
simulāre	nachahmen, heucheln
sine (m. Abl.)	ohne

sinere	lassen, zulassen	sternere	hinbreiten, hinstrecken
singulāris, e	einzeln, einzigartig	stilus	Schreibgriffel
singulī, ae, a	einzelne, je einer	stipendium	Sold; Kriegsdienst
sinister, tra, trum	link, linkisch	stipendia merēre	Kriegsdienst leisten
sitīre	dürsten, durstig sein	strepitus, -ūs	Geräusch, Lärm
sitis, -is	Durst	stringere	schnüren, streifen,
situs, a, um	gelegen, liegend		(Schwert) ziehen 39
sīve – sīve	sei es (dass) – oder	studēre	sich bemühen
	(dass) 19	studiōsus, a, um	eifrig, bemüht (um),
societās, -ātis	Gemeinschaft, Bündnis		interessiert (an)
socius	Gefährte, Bundesgenosse	studium	Eifer, Beschäftigung
sōl, sōlis m.	Sonne	stultus, a, um	dumm, töricht
sōlitūdō, -inis	Einsamkeit, Einöde 11	stupēre	stutzen, staunen 14
sollemnis, e	alljährlich wiederkeh-	suādēre	raten, zureden
	rend, feierlich 21	suāvis, e	süß, angenehm
sollicitāre	beunruhigen, auf-	sub (m. Akk.)	unter (Frage: wohin?)
	wiegeln 18	sub (m. Abl.)	unter (Frage: wo?)
sollicitus, a, um	erregt, beunruhigt,	subicere	unterwerfen
	besorgt 10	subigere	unterwerfen, (be)zwingen
solum	Grund, Boden	subīre	unternehmen, auf sich
sōlum (Adv.)	nur		nehmen
sōlus, a, um	allein, einsam	subitō (Adv.)	plötzlich
solvere	lösen, zahlen	sublevāre	emporheben, erleichtern,
somnium	Traum 34		unterstützen 38
somnus	Schlaf	subsidium	Hilfe 18
sonāre	tönen, erklingen	subvenīre	zu Hilfe kommen, abhel-
sonitus, -ūs	Schall, Geräusch 33		fen 17
sonus	Ton, Laut	succēdere	nachrücken, nachfolgen
sordidus, a, um	schmutzig, schäbig 32	succurrere	zu Hilfe eilen 17
soror, -ōris	Schwester	sūdor, -ōris	Schweiß
sors, sortis	Los, Schicksal	sufficere	genügen; nachwählen 31
sortīrī	(aus)losen, erlangen 4	sūmere	nehmen
spargere	(aus)streuen, (be)spritzen	summus, a, um	(der) oberste, höchste
spatium	Bahn, Zwischenraum,	summa rērum	Gesamtlage, gesamte
	Zeitraum, Größe 7		Macht 34
speciēs, -iēī	Aussehen; (An-)Schein	super (m. Akk.)	über, über – hin
spectāculum	Schauspiel	superāre	übertreffen, überwinden,
spectāre	betrachten, sehen		besiegen
spēlunca	Höhle	superbia	Hochmut, Stolz
spērāre	hoffen	superbus, a, um	hochmütig, stolz, erhaben
spernere	zurückweisen, verschmä-	superesse	übrig sein, überleben
	hen, verachten	superior, -ōris	(der) obere, frühere
spēs, speī	Hoffnung	superstitiō, -ōnis	Aberglaube 38
spīrāre	hauchen, atmen	suppetere	vorhanden sein, aus-
spīritus, -ūs	Hauch, Atem		reichen 4
splendidus, a, um	glänzend, prächtig	supplex, -icis	(demütig) bittend,
spoliāre	berauben, ausplündern 3		flehend 24
spondēre	geloben, versprechen	supplicium	Bitt-, Dankgebet;
sponte meā	freiwillig 32		(Todes)strafe 15
(tuā, suā)		suprā (m. Akk.)	über, oberhalb
stāre	stehen	suprēmus, a, um	(der) höchste, letzte
statim (Adv.)	sofort, sogleich	surgere	aufstehen, sich erheben
statiō, -ōnis	Standort, Wachposten 28	suscipere	aufnehmen, unterneh-
statua	Statue, Standbild		men
statuere	aufstellen, feststellen	suspicārī	vermuten, ahnen 4
status, -ūs	Zustand, Verfassung 14	suspiciō, -ōnis	Verdacht, Vermutung
stēlla	Stern	sustinēre	aushalten

T

taberna	Bude, Wirtshaus, Taverne
tabula	Tafel, Landkarte
tacēre	schweigen
tacitus, a, um	verschwiegen, still
tālis, -e	so beschaffen, solch
tam (beim Adj.)	so
tamen	dennoch, trotzdem
tamquam	gleichwie, wie 2
tandem	endlich
tangere	berühren
tantīdem (Gen.)	ebenso teuer, ebenso viel 32
tantopere	so sehr 40
tantum	nur, bloß
tantus, a, um	so groß
tardus, a, um	langsam, spät
taurus	Stier
tēctum	Dach, Haus
tegere	bedecken, schützen
tellūs, -ūris	Erde, Erdboden
temeritās, -ātis	Unbesonnenheit 28
temperantia	Mäßigung, Selbstbeherrschung 15
temperāre	(m. Akk.) ordnen, leiten; (m. Dat.) schonen, mäßigen 18
temperāre ab iniūriā	sich von Unrecht fern halten 18
tempestās, -ātis	Unwetter, Sturm
templum	Tempel
temptāre	versuchen, angreifen
tempus, -oris	Zeit, Lage
tendere	spannen, strecken; zielen
tener, tenera, tenerum	zart
tenēre	halten, festhalten
tenuis, e	dünn, fein, schwach
terere	(auf)reiben, abreiben; (Zeit) verbringen
tergum	Rücken
terminus	Grenzstein, Grenze 28
terra	Land, Erde
terrēre	schrecken, erschrecken
terror, -ōris	Schrecken
testimōnium	Zeugnis, Beweis
testis, -is	Zeuge
theātrum	Theater
thermae, -ārum	warme Bäder, Badeanstalt(en)
timēre	fürchten
timidus, a, um	furchtsam, ängstlich 12
timor, -ōris	Furcht
toga	Gewand, Toga
tolerāre	ertragen, erdulden
tollere	aufheben, erheben, beseitigen
torquēre	drehen, foltern
torquis, -is m.	Halskette
tot	so viele
totiēns (Adv.)	so oft
tōtus, a, um	ganz
trādere	übergeben, überliefern
trādūcere	hinüberführen, übersetzen (z. B. über einen Fluss) 1
trahere	ziehen, schleppen
trāicere	hinüberbringen 15
tranquillitās, -ātis	Ruhe 17
tranquillus, a, um	ruhig, friedlich
trāns (m. Akk.)	über – hinüber; jenseits
trānsferre	hinüberbringen, übertragen 22
trānsgredī	überschreiten 9
trānsīre	hinübergehen, überschreiten
tremere	zittern 33
trepidāre	hasten, aufgeregt sein 21
tribuere	zuteilen, zuweisen
tribūnus	Tribun 18
triennium	Zeitraum von drei Jahren 31
triplex, -icis	dreifach 24
trīstis, e	traurig
triumphus	Triumph(zug)
trucīdāre	niedermetzeln 22
tuērī	im Auge haben, schützen 3
tum	da, dann, darauf, damals
tumultus, -ūs	Aufruhr, Unruhe
tumulus	Hügel, Grabhügel
tunica	Tunika
turba	Trubel, Unruhe; Menge
turbāre	verwirren, stören
turpis, e	schimpflich, hässlich, schändlich
turris, -is	Turm
tūtārī	schützen 3
tūtēla	Schutz
tūtus, a, um	geschützt, sicher
tyrannus	Tyrann, Gewaltherrscher 6

U

ubi	wo
ubi (prīmum)	sobald 37
ubīque	überall
ulcīscī	(sich) rächen, strafen 5
ūllus, a, um	irgendeiner 19

155

ultimus, a, um	(der) äußerste, letzte	vātēs, -is m. f.	Seher(in), Prophet(in) 4
ultrā (m. Akk.)	jenseits, über (über – hinaus)	-ve (enklit.)	oder
		vectīgal, -ālis n.	Abgabe, Steuer 26
ultrō (Adv.)	überdies; freiwillig 19	vectīgālis, e	steuerpflichtig 16
umbra	Schatten	vehemēns, -entis	heftig, gewaltig; nachdrücklich
umerus	Schulter		
umquam	je, jemals	vehere	fortbewegen, fahren (trans.)
ūnā (Adv.)	zusammen (mit), zugleich		
unda	Woge, Welle	vehiculum	Fahrzeug
unde	woher	vel	oder
úndique	von allen Seiten	velle	wollen 13
ūniversus, a, um	all, ganz 27	vēlōx, -ōcis	schnell 7
ūnus, a, um	ein, einzig	vēlum	Segel, Vorhang
ūnusquisque	jeder Einzelne 20	velut	wie, zum Beispiel
urbānus, a, um	städtisch, kultiviert; Subst.: Städter	vēnārī	jagen 2
		vendere	verkaufen
urbs, urbis	Stadt	venēnum	Gift
ūrere	verbrennen (trans.)	venerārī	verehren 2
urgēre	drängen, bedrängen	venia	Nachsicht, Verzeihung
ūsque ad (m. Akk.)	bis zu	veniam dare	verzeihen
ūsus, -ūs	Gebrauch, Nutzen, Übung	venīre	kommen
		vēnīre	verkauft werden (zum Verkauf kommen)
ut	wie		
ut (mit Konj.)	dass, damit, so dass	venter, -tris m.	Bauch, Magen
ut prīmum (mit Ind.)	sobald 37	ventus	Wind
		vēr, vēris n.	Frühling
uter?	wer (von zweien)? 19	verberāre	schlagen, peitschen
uterque	jeder (von zweien) 19	verbum	Wort
ūtī (m. Abl.)	gebrauchen, benutzen 5	verērī	scheuen, fürchten, verehren 3
ūtilis, e	nützlich, brauchbar		
utinam (mit Konj.)	dass doch; hoffentlich	vēritās, -ātis	Wahrheit
utrum – an	ob – oder 39	vērō (Adv.)	wirklich; aber, doch
uxor, -ōris	Gattin	versārī	sich aufhalten, sich beschäftigen 2
		versus, -ūs	Vers
		vertere	wenden, umwenden
V		vertex, -icis m.	Scheitel, Gipfel 33
		vērus, a, um	wahr, wirklich
vacāre	leer sein, frei sein 30	vesper, -erī	Abend, Westen
vacuus, a, um	leer, frei	vesperī (vespere)	abends, am Abend
vādere	gehen, schreiten 3	vestīgium	Fußstapfen, Spur
vagārī	umherziehen, sich verbreiten 2	vestīre	bekleiden
		vestis, -is	Kleid, Kleidung
valdē (Adv.)	sehr	vestītus, -ūs	Kleidung 36
valē!	leb wohl!	vetāre	verbieten
valēre	gesund sein, vermögen; gelten	vetus, veteris	alt
		vetustus, a, um	alt, altertümlich 35
valētūdō, -inis	Gesundheit(szustand), Krankheit	vexāre	quälen, heimsuchen
		via	Weg, Straße
vallis, -is	Tal	vīcīnus, a, um	benachbart, nahe; Subst.: Nachbar
vānus, a, um	nichtig, eitel 17		
varius, a, um	bunt, mannigfach, verschieden	victima	Opfer(tier) 30
		victor, -ōris	Sieger
vās, vāsis n., Pl.: vāsa, -ōrum	Gefäß, Geschirr	victōria	Sieg
		vīctus, -ūs	Lebensunterhalt, Lebensweise
vāstāre	verwüsten		
vāstus, a, um	wüst, öde; weit	vīcus	Dorf, Gasse

vidēre	sehen	vīrēs, vīrium	Kräfte, Streitkräfte
vidērī	gesehen werden; scheinen 29	vīsitāre	besuchen
		vīta	Leben
vigilāre	wachen, wachsam sein 9	vītāre	meiden, vermeiden
vīlla	Villa, Landhaus	vitium	Fehler, Laster
vīlicus	Verwalter	vīvere	leben
vincere	siegen, besiegen	vīvus, a, um	lebend, lebendig
vincīre	fesseln, binden	vix (Adv.)	kaum
vinculum	Band, Fessel	vocāre	rufen, nennen
vindicāre	beanspruchen, befreien, bestrafen 20	volāre	fliegen, eilen
		volūmen, -inis	Buchrolle, Windung
vīnea	Weinberg, Weinlaube 31	voluntās, -ātis	Wille, Absicht
vīnum	Wein	voluptās, -ātis	Vergnügen, Lust
violāre	verletzen	volvere	wälzen, rollen
vir, virī	Mann	vōtum	Gelübde, Wunsch
virgō, -inis	Mädchen, Jungfrau	vōx, vōcis	Stimme
virīlis, e	männlich, mannhaft 9	vulgus, -ī n.	Volksmasse, Menge 18
virtūs, -ūtis	Tüchtigkeit, Tugend, Tapferkeit, Leistung	vulnerāre	verwunden
		vulnus, -eris	Wunde, Verletzung
vīs (vim, vī) f.	Kraft, Gewalt; Menge	vultus, -ūs	Miene, Gesichtsausdruck

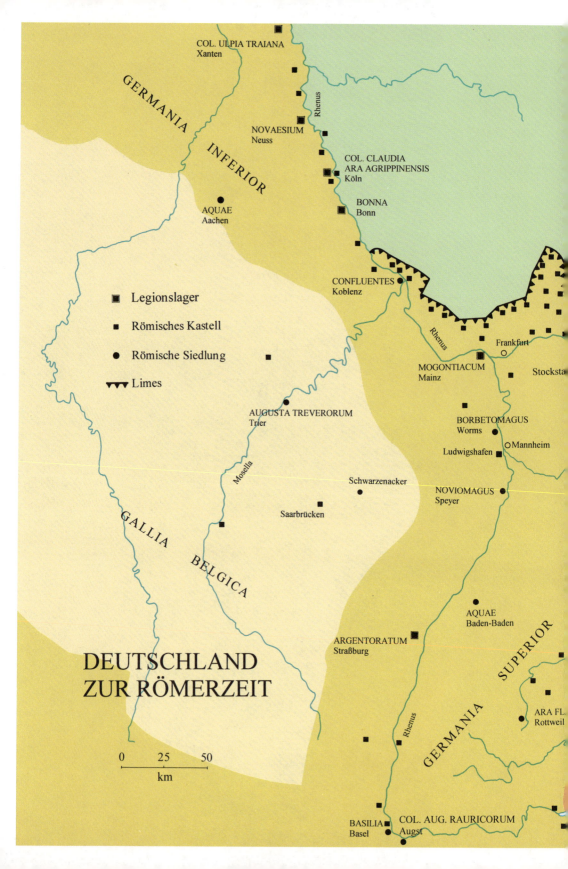